JN418601

몸으로 익히는 축구

몸으로 익히는

축구

개정판 1쇄발행 2016년 12월 30일
지은이 윤형기, 전태준
펴낸이 한헌수
펴낸곳 숭실대학교 출판국
서울 동작구 상도로 369
등 록 제14-2호(1982.1.25)
TEL.02-820-0772
FAX.02-817-5297
http://press.ssu.ac.kr
찍은곳 한컴인쇄정보
TEL.02-2274-3394
FAX.02-2274-3397
값 12,000원
ISBN 978-89-7450-356-7 03690

몸으로 익히는

축구

숭실대학교 출판국
Soongsil University Press

머리말

축구는 현재 세계에서 가장 대중적이고 사랑 받는 스포츠입니다. 실제로 2002년 대한민국에서 열렸던 축구 월드컵과 같은 최고 수준의 대회뿐만 아니라, 자국 리그에 만족하지 못하고 지구 반대편에서 열리고 있는 다른 나라의 축구리그 경기 하나하나에 열광하는 팬들을 보면 그 인기를 실감할 수 있습니다.

또한 지금 이 순간에도 전국 방방곡곡에서는 크고 작은 규모의 축구 대회와 경기가 열리고 있으며, 굳이 정식 경기가 아니라도 공 하나를 사이에 두고 서로 땀 흘리며 웃고 슬퍼하며 공을 차는 주위의 사람들을 발견하는 것은 그리 어려운 일이 아닙니다.

이러한 축구의 인기와 더불어 이미 다수의 훌륭한 축구 교재들이 시판 중에 있으나, 보다 손쉽게 누구나 익힐 수 있도록 만들어 보고자 하는 욕심에 용기를 내어 본서를 집필하게 되었습니다.

이 책이 완성될 수 있도록 모델을 자청하고 사진 촬영에 고생을 아끼지 않은 체육학과 제자인 심민우, 권태현 학생과 최재훈, 서민석 원생에게도 고마움을 전합니다. 특히 바쁜 와중에도 기꺼이 시간을 쪼개 도움을 준 임진선 박사와 최재섭 박사의 헌신에 경의를 표하며, 흔쾌히 교재로 편찬해 주신 숭실대학교 출판국 관계자 분들께도 감사의 말씀을 드립니다.

끝으로 부디 이 교재를 통해 축구를 몸으로 익혀 진정으로 축구를 즐길 수 있기를 기대합니다.

2016년 12월

저자일동

CONTENTS

CHAPTER 3

축구 지도법

부록 1

축구의 용어해설

부록 2

축구의 규칙

부록 3

시스템에 대하여

부록 4

오프사이드에 대하여

부록 5

세계의 축구

CHAPTER 1

축구의 이해

1 축구의 역사

우리나라 축구의 역사

대한민국 축구의 역사는 1882년으로 거슬러 올라간다. 이 시기에 제물포 현재의 인천에 상륙한 영국 해군 군인들에 의해 처음으로 근대식 축구가 전해졌다고 한다. 이 시기에 전국 곳곳에 근대식 교육기관들이 생겨나 선교사와 교사, 학생들에 의해 본격적으로 근대식 축구가 널리 퍼지기 시작했다.

1945년 해방 이후에 〈조선축구협회〉가 창설되고 정부수립 직후인 1948년 9월 4일 오늘날의 〈대한축구협회〉로 명칭이 확정되었다. 1948년 5월 21일 FIFA〈국제축구연맹〉에 정식 가입하였으며, 같은 해 런던에서 열린 올림픽 축구 종목에 국가대표팀이 태극마크를 달고 국제무대에 처음으로 출전했다. 이어 1954년 5월 8일 AFC〈아시아 축구연맹〉에도 가입하였고, 1954년 아시아 대표로 월드컵 본선에 처음으로 출전하였다. 한국 축구는 1960년대를 거치며 아시아의 강호로 떠올랐고, 1970년대에는 정부와 축구협회의 열정으로 비약적인 발전을 이루었다.

이러한 분위기에 힘입어 프로리그가 1983년에 출범하였고, 1986 멕시코 월드컵부터 2014 브라질 월드컵까지 8회 연속 본선 진출의 쾌거를 이루었다. 또한 2002 한일월드컵을 공동개최하면서 한국 축구는 아시아를 넘어 세계의 한국 축구의 힘을 보여주었으며 4강 진출의 위업을 달성했다.

2 축구 경기의 특성

축구 경기의 특성 중 가장 두드러진 특성으로는 체력의 요소로 평가되는 민첩성과 협응력, 순발력 그리고 심폐지구력 등의 눈에 띄는 향상을 도모할 수 있으며 축구 경기에 참가하는 선수 개개인이 각자 맡은 포지션에서 책임과 역할을 다 해야하기 때문에 책임감과 협동정신이 필수적이다. 또한 다양하고 복잡하게 펼쳐지는 경기 내용은 선수 개인의 창의성과 독착성을 개발시킬 수 있다.

축구가 대중들에게 급속도로 확산되고 인기가 있는 이유는 특별한 기본 기술이나 까다로운 경기규칙이 적용되지 않아도 즐거움을 느낄 수 있다는 것이다. 특별한 기술 습득 없이도 누구나 축구를 즐길 수 있다. 또한 축구는 특별한 체격조건이나 신체적 특징이 요구되지 않는다. 예를 들어 신장이 큰 사람이 유리한 농구나 배구와는 다르게 누구나 어떤 체격 조건에서도 경기를 즐길 수 있다.

축구는 다른 스포츠에 비해 경제적인 요소도 포함하고 있는데, 그 이유는 축구를 즐기기에 많은 경제성이 필요하지 않기 때문이다. 축구공 하나만으로도 어느 곳에서나 얼마든지 즐길 수 있기 때문이다.

3 축구 경기장의 시설 및 용구

경기장

길이 90-120m, 폭 45-90m인 직사각형의 운동장으로, 국제경기는 길이 100-110m, 폭 64-75m이다. 가로는 터치라인이고, 세로는 골라인이다.

골대

골라인의 중심점에서 좌우로 각 3.66m, 즉 7.32m 길이의 간격을 두고 양끝에 높이 2.44m의 골 포스트를 세우며, 그 위에 크로스바를 얹은 뒤 경기장 바깥쪽으로 그물을 친다.

페널티 에어리어

골 포스트 안쪽에서 16.5m되는 지점에서 골라인과 직각이 되도록 경기장 안쪽으로 16.5m의 선을 긋고 그 끝을 골라인과 평행되게 직선으로 연결해서 만들어진 16.50m×40.32m의 직사각형 지역을 말한다. 두 개의 골포스트 중앙에서 페널티에어리어 안쪽으로 11m 되는 지점에 페널티마크를 표시하고, 페널티마크에서 페널티에어리어 밖으로 그린 반지름 9.15m의 원호를 페널티아크라고 한다.

골 에어리어

골 앞에 있는 가로 18.32m, 세로 5.5m의 직사각형 지역이다. 양쪽 골포스트 안쪽에서 코너쪽으로 각각 5.5m에 선을 긋고, 골라인과 평행되게 연결한다.

코너

코너 플랫은 길이 1.5m, 코너 에어리어의 규격은 반지름 1m인 부채꼴 모양이다.

센터서클

경기장의 중앙에 하프라인이 있고 하프웨이 라인의 중앙을 중심으로 그어진 반지름 9.15m의 원을 말한다. 하프라인의 중앙에 센터 마크가 있다. 킥오프할 때 센터마크에 공을 놓고 차야 한다. 킥오프하기 전까지는 상대편 선수가 센터서클 안에 들어올 수 없다.

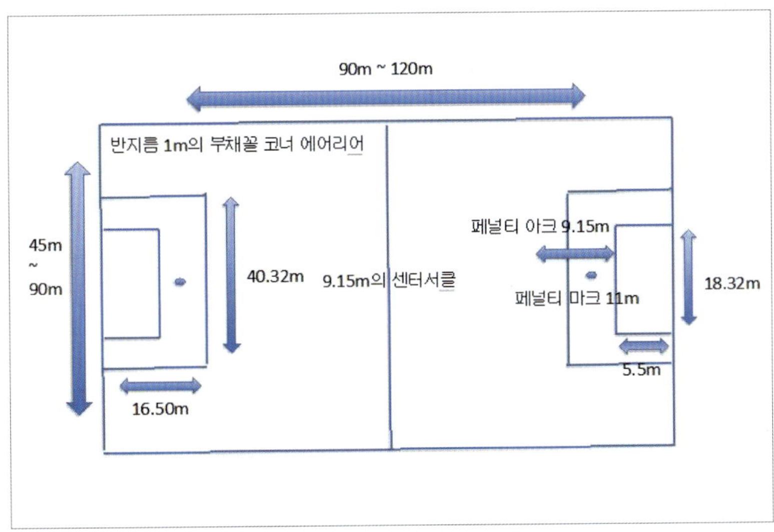

CHAPTER 2

축구 경기기술과 기술훈련

1 축구의 기본자세와 기술

1) 킥

축구 경기에서 가장 중요하고 기본이 되는 것이 킥이다. 공을 다룰 줄 알게 되면 그 다음은 바로 킥이다. 헤딩이다 드리블 등도 중요하지만 그것은 축구의 일부이며 모든 선수들은 언제 어디서나 킥을 해야한다.

킥은 패스나, 코너 킥, 프리킥 그리고 슛도 모두 해당된다. 킥은 종류에 따라 차는 방법도 매우 다양하다. 인사이드 킥, 아웃사이드 킥, 인스텝 킥 등 각각의 킥을 축구 경기의 상황에 맞게 자유자재로 사용할 줄 알아야 한다. 킥을 하는 경우는 대개 달리면서 공을 자유롭게 다루어야 하므로 정확하게 차기 위해서는 상당한 연습이 필요하다.

킥에서 가장 중요한 두 가지는 공에 정확하게 발을 맞추는 것과 디딤발이다. 발의 어느 부분으로 차든지 공을 정확하게 맞추지 않으면 내가 원하는 방향으로 갈 수 없다. 또한 차는 순간 디딤발이 흔들려서는 안된다. 축이 되는 발인 디딤발에 몸 전체의 체중을 싣는다. 디딤발에 체중을 알맞게 싣게 되면 공을 차는 발은 자연스레 자유로워지고 흔들림도 적게 된다.

공을 차는 순간까지 공에 시선을 잘 유지하면서 백스윙과 팔로우스윙을 알맞게 해준다. 킥의 종류에는 인사이드킥, 아웃사이드 킥, 인프론트 킥, 아웃프론트 킥, 인스텝 킥, 힐 킥, 토 킥, 인사이드 발리 킥, 인스텝 발리 킥 등이 있으며 다음으로는 킥의 종류를 살펴보면서 어느 경우에 사용하는 지, 또 어떻게 사용하는 지 중요한 점은 무엇인지 알아보겠다.

가. 인사이드 킥

인사이드 킥은 발의 안쪽을 이용하는 킥을 말한다. 인사이드 킥은 공이 발에 닿는 면적이 넓기때문에 정확도가 높아 정확한 킥을 필요로 할 때 가장 많이 사용된다. 하지만 킥의 세기는 그다지 강하지 않기 때문에 길게 보내는 킥에는 적합하지 않고 짧은 킥이나 짧은 패스에 적합하다.

*** Key point**

디딤발을 킥을 하고자 하는 방향으로 정한 후 차려고 하는 공 옆에 20cm~30cm 정도 옆으로 떨어져 디딘다. 공을 차는 발은 무릎을 가볍게 구부리고 공과 발의 임팩트에 신경을 쓰면서 발을 앞으로 밀어내듯이 자연스럽게 갖다 댄다는 느낌으로 찬다. 이 때 디딤발과 공을 차는 발의 각도는 90도가 일반적이다.

사진 001. 인사이드 킥

사진 002. 인사이드 킥의 백스윙

사진 003. 인사이드 킥의 임팩트

사진 004. 인사이드 킥의 임팩트. 정확한 임팩트가 중요하다.

나. 인프론트 킥

인프론트 킥은 땅에 닿는 킥이 아니라 공중에 공을 띄우기 위해서 발 끝을 공 밑으로 넣고 엄지발가락과 발등 앞부분을 이용하여 찬다. 공의 세기는 작지만 길게보내는 킥이라도 컨트롤하기가 쉽다. 킥을 할 때 공을 차는 부분을 달리하여 회전을 걸어 킥을 하기도 한다.

*** Key point**

공을 차는 발의 발목은 펴는 느낌으로 고정하고, 몸을 비스듬하게 뒤로 젖혀서 몸의 균형을 유지한다. 공을 차는 다리는 백스윙엥서 팔로스윙까지 전체적으로 원을 그리듯이 찰 수 있도록 하고 발끝은 펴서 엄지발가락 부분을 공 밑으로 끼워 넣는다는 느낌으로 킥을 한다.

사진 005. 인프론트 킥

사진 006. 인프론트 킥

다. 인스텝 킥

인스텝 킥은 인스텝, 즉 발등을 사용하는 킥이다. 발등은 사람마다 모두 모양새가 다르지만 일반적으로 평평하지 않고 발등 뼈가 있기 때문에 컨트롤하기 어렵다. 따라서 발끝과 발등을 펴서 발목을 확실하게 고정하여 킥을 한다. 강하며 세기가 강한 공을 킥하는 경우에 많이 사용하며 롱 패스 등 공을 멀리까지 날려 보낼때에도 사용하지만 강력한 미들 슛, 롱 슛에 많이 사용한다.

*** Key point**

백스윙을 크게 하면 보다 강한 킥을 할 수 있지만 그렇게 되기 위해서는 몸의 안정감과 균형감이 가장 중요하다. 이 때에는 양팔을 벌려서 몸의 안정감과 균형감을 유지한다. 공을 차는 발은 발 끝과 발등을 펴고 발목은 고정한다. 또한 공이 발가락 보다는 발목 부분에 공 중심이 오도록 킥을 한다.

사진 007. 인스텝 킥

사진 008. 인스텝 킥

사진 009. 인스텝 킥

라. 아웃사이드 킥

아웃사이드 킥은 발 바깥쪽을 사용하는 킥이다. 보통의 킥은 내가 바라보고 있는 방향으로 공이 가거나 내 시선이 가있는 곳, 그리고 디딤발이 향하는 방향으로 킥이 가는 것이 일반적이지만, 이 킥은 상대방이 예측할 수 없는 방향으로도 킥을 할 수 있다. 민첩하고 신속한 몸 동작으로 상대방이 예측하지 못하는 의외의 킥을 하는 것이 특징이다.

*** Key point**

인사이드 킥이나 인스텝 킥에 익숙해져 갑자기 아웃사이드 킥을 하게되면 무릎에 충격이 오는 경우가 있다. 디딤발은 공보다 약간 뒤로 하고 무릎에는 약간의 유연성을 주며 힘을 푼다. 공을 차는 발은 발등을 바깥으로 향하게 하여 공을 찬다. 또한 발목을 고정한 채 무릎의 힘을 빼고 밀어내듯이 킥을 한다.

사진 010. 아웃사이드 킥

사진 011. 아웃사이드 킥

마. 아웃프론트 킥

아웃프런트 킥은 발등의 바깥 쪽을 이용하여 회전을 걸 수 있는 킥이다. 킥을 하는 방법은 인스텝 킥과 거의 동일하나 발등의 바깥쪽과 회전을 걸 수 있다는 점이 차이점이다.

*** Key point**

공을 차는 발의 발목을 잘 고정하여 발등 바깥쪽으로 공의 중심보다 약간 안 쪽을 킥하도록 한다.

사진 012. 아웃프론트 킥

사진 013. 아웃프론트 킥

바. 힐 킥

힐 킥은 발 뒤꿈치를 사용하여 발 뒤꿈치로 공을 뒤로 밀어내듯이 하는 킥이다. 실제 경기중에서는 흔히 쓰이지 않기 때문에 약간의 페인트와 함께 사용한다면 상대방에게 혼란을 줄 수 있다.

*** Key point**

공을 차는 발은 발을 앞으로 빼기보다는 넓적다리를 들어올린다는 생각을 하고 발목은 고정하도록 한다. 이때 공의 중심과 발 뒤꿈치의 중심이 잘 맞아야 정확한 킥이 될 수 있다.

사진 014. 힐 킥

사진 015. 힐 킥의 임팩트

사. 토 킥

토 킥은 발 끝, 즉 발가락으로 하는 킥이다. 토 킥에서 가장 중요한 점은 신속성과 민첩성이다. 게임 도중 치열한 접전이 벌어지는 경우에 백스윙할만큼의 시간도 없고 생각대로 킥을 할 여유가 없을 때 사용하도록 한다. 토 킥은 공격 시 수비수보다 반 박자 빠른 슛이나 패스를 할 때 자주 사용되는 킥이다.

*** Key point**

공의 중심을 찬다기 보다는 공의 중심보다 아래쪽을 툭 건드리듯이 킥을 한다. 너무 아래를 차면 그라운드를 차게 되고 너무 높은 곳을 차면 헛발질을 할 수 있다.

사진 016. 토 킥

사진 017. 토 킥

아. 인사이드 발리 킥

인사이드 발리 킥은 발의 안 쪽 즉 인사이드 킥과 같은 부분으로 공이 그라운드에 바운드 되기 전에 킥을 하는 것이다. 공을 트래핑할 여유가 없을 경우에 타이밍을 잘 맞춰 사용한다. 공중에 있는 공을 차는 것이기 때문에 강하게 차려는 것보다 정확하게 임팩트를 맞추는 것이 중요하다.

*** Key point**

인사이드 발리 킥은 디딤발은 딛고 공을 차려는 발은 들고 있는 상태이므로 몸의균형이 가장 중요하다.

사진 018. 인사이드 발리 킥

사진 019. 인사이드 발리 킥

사진 020. 인사이드 발리 킥. 공을 끝까지 바라보는 것이 중요하다

자. 인스텝 발리 킥

인스텝 발리 킥은 인스텝 킥과 마찬가지로 발등을 사용하는 킥이나 인사이드 발리킥과 같이 그라운드에 공이 바운드되기 전에 공중에서 차는 킥이다. 공을 차지 않는 발 즉, 디딤발을 그라운드에 내 딛고 그 것을 축으로 몸의 회전을 이용하여 공을 차는 킥이다. 인사이드 발리 킥보다는 강력한 킥이지만 정확성이 떨어지는 것이 단점이다.

*** Key point**

디딤발을 축으로 한 몸의 회전력을 이용하는 킥이기 때문에 확실하게 몸을 지탱하는 것이 중요하다. 또한 정확한 임팩트가 있어야만 킥이 성공할 수 있다. 공을 차는 발은 발목을 펴서 확실하게 고정한다.

사진 021. 인스텝 발리 킥

사진 022. 인스텝 발리 킥. 발목을 고정하는 것이 중요하다

사진 023. 인스텝 발리 킥

2) 볼 컨트롤

볼 컨트롤이란 축구 경기 중 한 사람의 선수가 볼을 가지고 있는 상태에서 그 볼을 상대방에게 빼앗기지 않고 다음 플레이로 이어가기 위해 볼을 잘 유지하는 것을 말한다. 이것은 특별한 기술이 아닌 수영에서의 수영선수가 물에 뜨는 것과 같이 가장 근본적인 것이다. 축구라는 경기의 특성 상 손을 쓰지 못하고 발로만 볼을 터치해야하기 때문에 볼 컨트롤은 더욱 중요시 될 수 있다. 이 책에서는 볼 컨트롤을 큰 범위로 보고 드리블, 헤딩, 디펜스의 태클, 디펜스의 숄더차지, 페인트, 트래핑, 스로인, 골키핑으로 알아보려고 한다.

가. 드리블

(1)인사이드 드리블

인사이드 드리블은 발의 인사이드(안 쪽)을 이용하여 볼을 밀어내면서 차는 드리블을 말한다. 보통 본인이 익숙한 발을 이용하여 드리블을 하지만 가장 기본적이고 가장 많이 사용되는 드리블이기 때문에 양발 모두 숙달되어야 한다. 발의 안 쪽으로 공을 다루기 때문에 비교적 공을 컨트롤하기 쉽다.

*** Key point**

드리블은 항상 공을 가지고 달린다는 것을 전제로 하기 때문에 자신만의 리듬을 가져야 한다. 공을 차지 않는 발의 무릎을 유연하게 하고 공을 차는 발은 발목은 유동성 있게 움직일 준비가 되어 있어야 한다. 또한 시선은 공에만 두지 않고 전방을 주시하며 상대방의 움직임과 우리팀의 움직임, 드리블 이 후의 방향전환을 항상 염두에 둔다

사진 024. 인사이드 드리블. 왼발의 인사이드 드리블

(2)아웃사이드 드리블

아웃사이드 드리블은 발의 바깥쪽(아웃사이드)를 이용하여 공을 툭툭 밀어내듯이 한다. 빠른 속도로 드리블을 하면서 달리더라도 발의 바깥쪽(아웃사이드)를 이용하기 대문에 스피드를 늦추지 않고 드리블할 수 있으며 방향전환에도 용이하다.

*** Key point**

공을 무조건 앞으로 차고 나가는 것 보다 본인의 드리블 속도감과 리듬감이 중요하다. 공의 움직임에 맞추어 공을 발 바깥쪽에 알맞은 세기로 공을 차도록 한다. 몸의 균형은 약간 앞으로 향하게 하여 드리블에 스피드를 이용할 수 있도록 한다.

사진 024. 인사이드 드리블. 왼발의 인사이드 드리블

(3)인프론트 드리블

인프론트 드리블은 공을 차는 발의 발가락과 발등 사이 부분으로 곧장 앞으로 공을 차내는 드리블이다. 다른 드리블과 달리 발의 방향과 모양새는 달리는 상태와 비슷하기 때문에 모든 드리블중에서 스피드를 가장 잘 살릴 수 있는 드리블이다. 그렇기 때문에 인프론트 드리블은 수비수가 없거나 속공 시에 많이 사용된다.

*** Key point**

공을 툭툭 밀어내거나 찬다는 느낌보다는 공을 발가락과 발등 사이에 싣고 달린다는 느낌으로 드리블을 한다. 왜냐하면 인프론트 드리블은 스피드를 가장 잘 활용하는 드리블이기 때문에 공을 너무 멀리 차내면 컨트롤하기가 어렵다. 따라서 공과 자신의 사이는 항상 1m 내외를 유지한다. 발등을 곧게 피고 리듬감을 잘 살려 공이 좌우로 빠지지 않게 한다.

사진 026. 인프론트 드리블

나. 페인트

(1)킥 페인트

킥 페인트는 수비수가 나에게 가까이 붙어 있거나 내 주위에 우리팀이 없어 패스를 할 수 없을 때 공을 차내려는 흉내를 내어 상대방의 균형을 무너뜨려 압박을 피하기 위한 기술이다.

*** Key point**

공을 차내려는 흉내를 내는 페인트이지만 그 전에 자신의 몸과 움직임을 크게하여 상대방의 균형을 뺏고 혼란을 주는 것이 더욱 중요하다.

(2)방향전환 페인트

방향정환 페인트는 드리블 시에 수비수가 앞으로 다가왔을 때 몸을 이용하여 좌, 우로 움직여 상대방이 마크하기에 혼란을 주는 페인트이다. 예를 들면 수비수가 다가올 때 왼쪽으로 가려는 페인트를 주고 오른쪽으로 급격하게 방향을 전환하여 마크를 뚫는 기술이다.

*** Key point**

방향전환 페인트는 상대방을 처음 속이는 동작을 할때 상대방을 어떻게 끌어당기면서 균형을 무너뜨리느냐가 관건이다. 다리의 움직임 뿐만 아니라 자신의 몸을 크게 움직여 페인트를 주어 상대방 몸의 균형을 무너뜨리는 것이 중요하다.

(3)전후 페인트

전후 페인트 드리블 시에 수비수가 앞이 아닌 좌우에서 다가왔을 때 사용하는 페인트로 드리블을 급하게 멈추거나 멈추는 척 하면서 다시 앞으로 드리블해 나가는 페인트로 상대방의 균형감을 무너뜨려 혼란을 주는 페인트이다.

*** Key point**

상대방의 판단으로 흐리게 하기 위해서는 상대방이 예측할 수 없는 페인트를 사용해야 한다. 상대방의 움직임을 먼저 보고 반대 움직임을 이용하고 상대방의 심리를 먼저 읽어 그에 반대되는 페인트를 쓰는 것이 관건이다.

(4)페이크

페이크는 본인이 공을 갖고 있지 않는 상태에서 마크 붙은 상대방을 떼어내고 패스를 받거나 조금 더 유리한 포지션을 취하려할 때 하는 페인트로써 신속한 방향전환이나 빠른 동작으로 상대방의 움직임을 교란한다.

*** Key point**

다른 페인트들과 마찬가지로 상대방 몸의 균형을 무너뜨는 것이 관건이므로 속이는 동작을 최대한 크게 하여 상대방에 혼란을 준다.

다.트래핑

(1)인사이드 트래핑

인사이드 트래핑은 발의 안 쪽(인사이드)그리고 발바닥을 사용한다. 패스를 받을 때 패스가 몸 정면으로 오게 하는 트래핑으로 비교적 컨트롤할 수 있기때문에 가장 안정적이고 간단한 트래핑이다. 땅볼이나 숏 바운드의 공에 사용하며 게임 도중 모든 상황에서 활용할 수 있다.

*** Key point**

발목은 유동성을 가지고 과도하게 힘을 주지 않는다. 공을 터치한 순간에는 무릎의 힘을 빼고, 패스의 세기에 맞게 발을 뒤로 끌어당기는 듯한 느낌으로 트래핑한다.

사진 027. 인사이드 트래핑

사진 028. 인사이드 트래핑

(2)아웃사이드 트래핑

아웃사이드 트래핑은 발의 바깥쪽(아웃사이드)를 이용하는 트래핑으로 인사이드 트래핑과 마찬가지로 땅볼이나 숏 바운드의 패스를 받을 때 사용한다. 인사이드 트래핑과 달리 아웃사이드 트래핑은 패스를 받음과 동시에 신속한 방향 전환이 가능하다는 것이 특징이다.

*** Key point**

인사이드 트래핑과 마찬가지로 패스를 받는 순간에 공을 뒤로 살짝 당기는 듯한 느낌으로 받는다. 패스를 받음과 동시에 신속한 방향전환을 하려면 본인이 가고자 하는 방향으로 발목에 힘을 주어 트래핑을 한다.

사진 029. 아웃사이드 트래핑

사진 030. 아웃사이드 트래핑

(3)인스텝 트래핑

인스텝 트래핑은 발의 발등(인스텝)을 사용하는 트래핑으로 공이 공중으로 높게 떴을 때 발의 발등(인스텝)으로 받아 발을 끌어당기면서 그라운드에 떨어뜨린다. 몸의 정면에서 공을 받기 때문에 다음 동작으로 바로 이어지기 쉬우나 정확성이 떨어지는 점이 있다.

*** Key point**

인스텝 트래핑은 공에서 끝까지 눈을 떼지 않는 것이 중요하다. 보통 인스텝 트래핑은 공중에 붕 뜬 공을 받아내는 트래핑이기 때문에 공중에 뜬 공을 끝까지 잘 바라봐 발의 발등(인스텝)에 잘 받아내는 것이 중요하다.

사진 031. 인스텝 트래핑

(4)넓적다리, 배, 가슴, 머리 트래핑

신체의 각 부위를 이용한 트래핑들로써 넓적다리 트래핑은 무릎 위로 오는 땅볼이나 숏 바운드 패스, 공중에 뜬 공을 발보다는 보다 넓은 면적인 넓적다리로 받는 트랩이다. 공이 몸에 닿는 면적이 넓어 발로 트래핑하는 것보다 안정감이 있다. 배와 가슴 트래핑은 패스의 바운드가 커 허리와 가슴사이로 오는 공을 받는 데 사용하는 트래핑으로 패스를 받을 때 내 몸을 갖다 대는 것이 아니라 쿠션이라는 느낌으로, 공을 안는다는 기분으로 트래핑한다. 머리 트래핑은 머리로 헤딩하듯이 공을 컨트롤하는 것이 아니라 목의 유연성을 이용하여 머리로 공을 그라운드에 보내어 발로 컨트롤하기 쉽게 하는 트래핑이다.

사진 032. 가슴 트래핑

사진 033. 가슴 트래핑

사진 034. 무릎 트래핑

라.헤딩

(1)스탠드 헤딩

스탠드 헤딩은 허리 높이 이상의 공을 이마의 중앙으로 받아치는 기본적인 헤딩이다. 상체를 뒤로 뺀 후 목에 힘을 주고 턱을 당긴다. 목이 아닌 몸 전체의 반동을 이용하여 헤딩한다. 상체를 좌우로 비틀면 각도를 조절할 수 있다.

*** Key point**

공이 이마에 닿을 때까지 턱을 당긴다. 턱을 올리게되면 자연스레 목을 이용하기 때문에 몸의 반동을 이용할 때보다는 헤딩의 세기가 약해진다. 또한 공을 무서워하지 말고 눈을 크게 떠 공을 끝까지 바라봐서 가고자 하는 방향으로 공을 보내도록 한다.

사진 035. 스탠드 헤딩

사진 036. 스탠드 헤딩

(2)점핑 헤딩

점핑 헤딩은 공이 공중에 떠있을 때 상대방과 서로 경합 시에 사용하는 것으로 보통 센터링 올라온 공을 슛으로 연결하거나 골키퍼가 찬 공을 차지하려고 할 때 사용한다. 몸 전체의 탄력을 이용하여 뛰어올라 공을 받아친다. 기본적인 헤딩 방법은 스탠드 헤딩과 동일하다.

*** Key point**

점핑 헤딩에서 가장 중요한 것은 점프하는 타이밍이다. 점프하는 타이밍이 맞지 않으면 공이 이마에 제대로 맞는다고 해도 세기 약하다. 또한 타이밍이 맞지 않으면 아예 이마에 맞추지 못하는 경우가 있다. 내가 뛰어올랐을 때의 최고점 과 공이 오는 속도와 높이를 판단해야한다.

사진 037. 점핑 헤딩

사진 038. 점핑 헤딩

(3)다이빙 헤딩

다이빙 헤딩은 공이 오는 코스를 향해서 다이빙하면서 하는 헤딩으로 착지 직전에 공을 이마로 받아치는 헤딩이다. 달려가면서 쓰러지는 힘으로 하는 헤딩이기 때문에 별도의 힘이 필요하지는 않으나 타이밍에 맞게 이마 정면에 잘 맞히는 것이 관건이다.

*** Key point**

몸을 던지는 것을 두려워하게 되면 부자연스러운 동작이 나타나게 되고 눈을 감으면 공을 제대로 맞출 수 없다. 적극적인 마음가짐이 중요하다.

사진 039. 다이빙 헤딩

마.디펜스

(1)슬라이딩 태클

상대방이 드리블 돌파 등으로 골을 넣을 수 있는 결정적인 찬스를 만들 것 같은 경우나 확실히 공을 가져올 수 있는 경우에 몸 전체로 슬라이딩하여 발로 상대방의 공을 쳐내거나 가져오는 기술이다. 수비 방법중 가장 적극적인 방법으로 정확한 타이밍과 민첩한 몸동작이 아니면 기회를 쉽게 놓쳐버리거나 상대방과 나 자신의 부상위험이 있다.

*** Key point**

슬라이딩 태클을 할 때에는 상대방의 공을 어느 방향에서 쳐내거나 가져올 것인가를 먼저 생각해야한다. 보통 한 발은 구부려 몸이 중심을 잡으며 지탱을 하고 다른 한 발을 뻗으며 공을 쳐내거나 긁어오듯이 공을 가져온다.

사진 042. 슬라이딩 태클

사진 043. 슬라이딩 태클

(2)숄더 차지

숄더차지는 팔꿈치 윗부분과 가슴, 어깨를 이용하여 상대방과의 공 경합 상황에서 나의 공간을 확보한다는 개념의 기술이다. 상대방보다 먼저 유리한 공간을 확보하여 공을 조금 더 편안하게 차지하기 위한 기술이다. 팔꿈치부터 어깨에 걸친 두 팔과 자신의 체중을 이용한다.

*** Key point**

팔꿈치 아래를 사용하면 자연스레 손을 쓰면서 파울이 일어나기 쉽다. 차지는 상대방을 방해하는 디펜스 기술이 아닌 내 공간을 확보한다는 생각으로 해야 파울을 방지할 수 있다. 공과 몸이 1m이상 떨어졌을 때에 신속히 공과 상대방에 몸을 접근시켜 차지 기술을 사용한다.

(3)블로킹

블로킹은 드리블을 비롯하여 패스나 슛 등 상대팀의 공을 차단함으로써 공격 및 드리블을 중단시키는 것이다. 기본적으로 상대방과 정면대결하고 있을 때 행동을 가리킨다. 종류에는 발바닥으로 하는 블로킹, 인사이드 블로킹이 있다.

*** Key point**

블로킹은 기본적으로 발을 뻗어서 하는 수비 기술이다. 따라서 한 번 발을 뻗으면, 다음 동작으로의 민첩한 이동이 어렵다. 본인이 최종수비수이거나 상황이 긴박하지 않을 경우에는 함부로 블로킹을 사용하지 않는 것이 좋다.

바.스로인

축구경기에서 스로인은 골키퍼 이외의 선수가 유일하게 손을 사용하여 플레이이다. 터치 라인을 넘은 공을 그라운드 안으로 양손으로 던져서 플레이할 수 있다. 스로인에는 양발을 가지런히 모으고 하는 방법과 앞 뒤로 벌려서하는 방법이 있다. 양 손가락을 벌려 공을 감싸쥐고 머리 뒤에서 앞으로 팔을 뻗으며 던진다. 몸의 반동을 이용하면 공을 멀리 보낼 수 있다.

*** Key point**

스로인 시에 상체를 조금이라도 비틀거나 공을 던지는 방향으로 몸 전체가 향하지 않으면 파울이 되기 때문에 주의하도록 한다. 또한 양 발은 모두 그라운드에 붙어 있어야 한다.

사진 044. 스로인

사진 045. 스로인

사.골 키핑

골 키핑 중 가장 기본적인 기술은 캐칭이다. 캐칭은 기본적으로 정면으로 오는 공을 양손과 몸 전체를 이용하여 잡는 동작으로 발을 어깨 넓이로 벌리고 체중은 앞으로 기울여 달려나가기 쉽도록한다. 또한 몸의 중심을 발 끝에 둔다. 팔꿈치는 조이듯이 안으로 향하게 하여 미스를 방지하고 손가락을 가볍게 벌리고 손바닥 전체로 공을 감싸쥔다.

*** Key point**

공을 캐칭한 후에는 공이 다른 곳으로 튀지 않도록 가슴과 몸 전체로 감싸안는 것이 중요하다. 또한 한 쪽다리는 안쪽으로 구부리고 다른 한쪽 다리는 앉은 자세로 벽을 만들어 미스를 방지한다. 하지만 신속한 다음동작으로 연결할 경우도 있다는 것을 명심해야 한다.

CHAPTER 3

축구 지도법

1 팀 플레이 방법

가. 패스방법

1) 스루패스

공격 시나 수비시 모두 사용되는 패스로 우리팀 선수에게 직접적으로 패스를 주는 것이 아니라 빈 공간으로 보내는 패스이다. 짧은 거리에 적합한 정확한 킥이 필요하므로 인사이드 킥, 인프론트 킥이 자주 사용된다. 하지만 팀 동료 간의 콤비네이션과 커뮤니케이션이 제대로 이루어지지 않는다면 스루패스는 상대방에게 쉽게 인터셉트 당하거나 의미없는 패스가 될 경우가 있다. 또한 두 사람이 하는 스루패스는 성공확률이 낮지만 세 사람이 하면 훨씬 확률도 높아진다. 먼저 볼을 가지고 있는 선수가 공격을 위해 올라오는 좌우 어느쪽이든 우리 팀에게 한번 패스한다. 패스를 받은 선수는 재빨리 반대쪽에서 달려온 우리팀 선수에게 다시 스루패스를 한다. 여기에서 중요한 점은 주위의 상황판단이다. 우리 팀이 달려오는 위치, 상대팀의 마크 상태 등을 순간적으로 판단해야 한다.

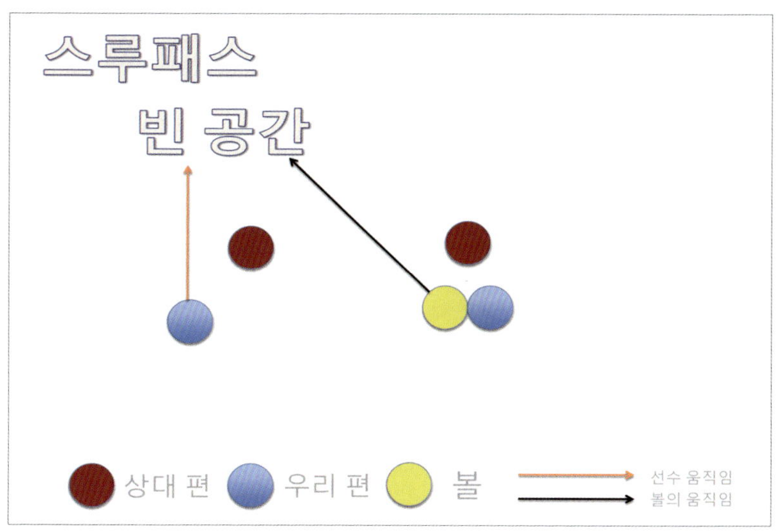

그림 01. 스루패스

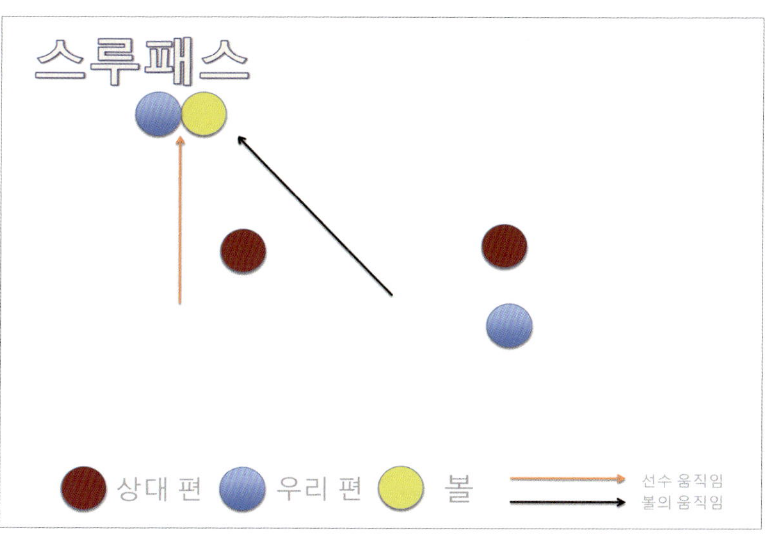

그림 02. 스루패스

2) 월 패스

월 패스는 말그대로 벽 패스이다. 내가 공을 드리블하며 진행하고 있고 상대 수비수를 제치기 위해 드리블 기술을 쓰는 것이 아니라 우리 팀 선수를 이용하는 것이다. 우리 팀 선수에게 빠르고 정확하게 패스를 주면 나를 마크하던 수비수는 자연스레 패스를 받은 선수에게 관심이 쏠리게 되고 그 순간 본인은 다음 단계의 포지셔닝을 취한다. 그 때 패스를 받은 선수가 바로 나에게 다시 패스 해주는 것으로 쉽게 이야기 하면 벽에 대고 패스를 하여 벽의 반동을 이용한다고 생각하면 된다. 처음에 하는 패스는 가능하면 빠르고 신속하게 보낸다. 의외의 패스이기 때문에 상대방 수비자도 넘어가고 만다. 그렇지 않고 상대방 수비자가 주의를 기울이면 패스는 어려워진다. 패스 후에 대시하는 스피드도 중요하다. 페인트를 거는 경우도 있으나 오히려 쓸데없는 시간이 많이 걸린다. 리턴 패스의 속도와 방향성도 중요하다.

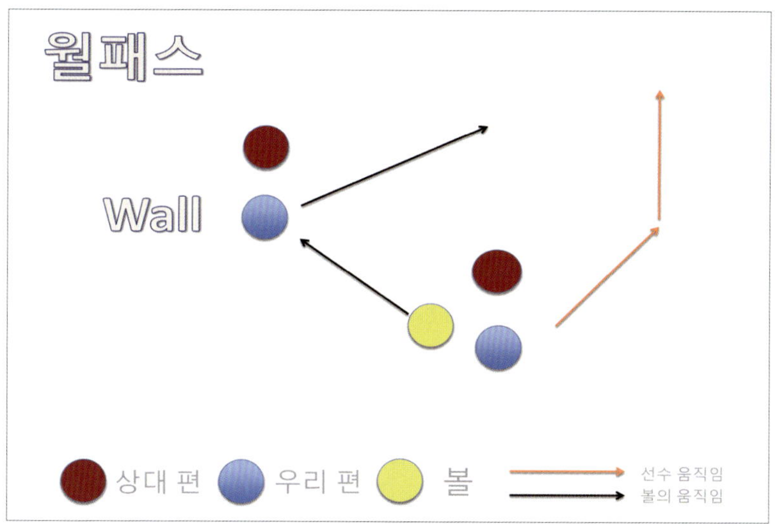

그림 03. 월 패스

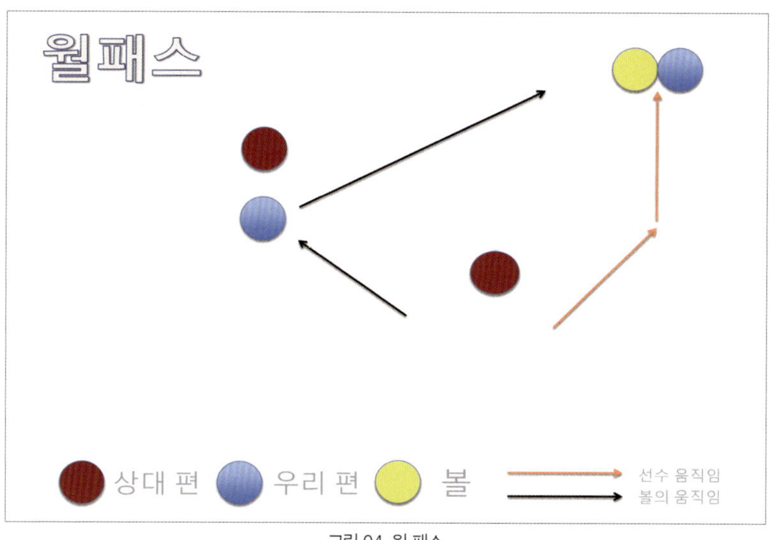

그림 04. 월 패스

3) 센터링

센터링은 우리 팀 선수가 좌우의 사이드 라인을 따라 드리블과 패스를 통해 돌파를 시도한 후 공을 골대 앞에 있는 우리 팀 선수에게 적절히 올리는 것이다. 이 패스는 슛을 노리고 달려 들어오는 우리 팀의 선수에게 타이밍을 잘 맞추어 사이드 라인에서 골대 앞으로 보내는 패스이다. 센터링의 볼 높이나 스피드는 골대 앞의 우리 팀의 공격수가 헤딩을 할 것인지, 발리 킥을 할 것인지 재빨리 파악하여 판단한다. 또한 센터링을 올리는 쪽은 최고 스피드로 사이드라인을 따라 공을 가지고 가거나 수비수와 경합하면서 센터링을 올리기 때문에 킥하기 어려운 자세인 경우가 많다. 그렇기 때문에 볼 컨트롤에 주의를 기울인다.

그림 05. 센터링

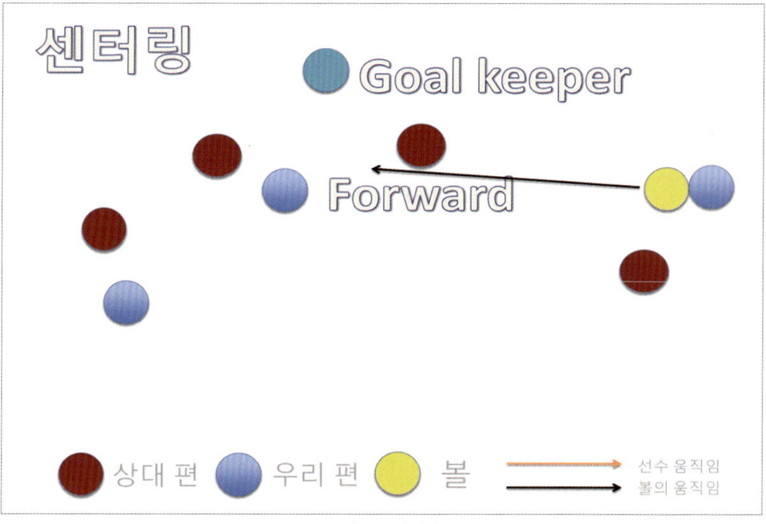

그림 06. 센터링

4) 전환패스

전환패스는 한 쪽 사이드 라인을 따라 공격을 시작하여 한 쪽의 사이드 라인으로 모든 선수들이 모이게 되었을 때 반대 쪽 사이드 라인 쪽의 수비가 약해진 틈을 타 그 반대 쪽으로 공을 보내는 패스이다. 주로 사용하는 킥은 인스텝 킥, 인프론트 킥, 아웃프론트 킥 등으로 멀리 강하게 보내는 킥을 사용한다.

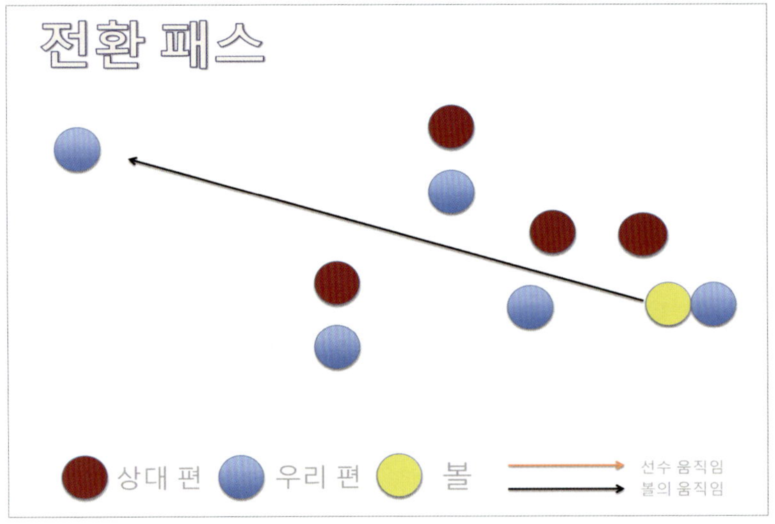

그림 07. 전환패스

나. 효율적인 슈팅 법

1) 드리블&슛

상대팀의 수비가 허술하고 패스를 받아서 일시에 속공으로 공격해 들어갈 경우에는 드리블&슛이 가장 효과적인 공격이 된다. 드리블의 세기와 강도를 그대로 공에 실어서 강력한 슛을 하는 것이 포인트다.

2) 센터링&슛

센터링으로 하는 슛은 골대 앞에서 트랩할 여유가 없는 경우가 많기 때문에 발리 킥이나 헤딩으로 직접 골을 노리는 경우가 많다. 센터링을 올리는 선수는 골대 앞의 우리 팀 공격수의 상황을 파악하여 센터링의 높낮이와 스피드, 방법을 판단하여 센터링을 올린다. 슛을 하는 선수는 골대 앞의 수비수와 골키퍼 사이의 경합을 이겨내고 타이밍에 맞춰 발리 킥을 할 것인지 헤딩을 할 것인지 정하여 적극적인 행동을 보여준다.

다. 세트 플레이

1) 스로인

스로인으로 할 수 있는 세트 플레이는 상대 팀의 수비 전형이 갖추어지기 전에 신속하게 스로인에서 속공으로 연결하는 경우도 있지만 상대팀도 그런 틈은 좀처럼 보이지 않는다. 가능한한 수비수를 유인하여 수비수가 붙지 않은 우리 팀에게 공을 던지거나 비어있는 공간을 만들어 그 곳으로 공을 던져 공격으로 연결시킨다. 주의할 점은 스로인으로 직접 공을 골대에 넣으면 득점으로 인정되지 않는다. 또한 스로인으로 공을 직접 받는 경우에는 골 앞이라도 업사이드가 되지 않는다.

2) 프리킥

프리 킥이 주어지는 장소에 따라서 프리킥 세트플레이는 변하게 된다. 골대와 가까우면 상대 팀이 만드는 벽 너머로 바로 슛을 할 수 도 있다. 또한 벽을 피하여 패스를 보낼 수 있다. 단, 간접프리킥인 경우에는 직접 골을 노릴 수는 없다. 최근 현대 축구의 흐름은 프리킥 시에 키커가 직접 슛을 노리는 경우가 많다. 바나나킥으로 불리는 회전이 많은 슛, 무회전 슛 등 선수들의 개인 능력이 뛰어나 골키퍼의 허를 찌르는 프리킥을 많이 볼 수 있다.

3) 코너킥

코너킥은 수비자에 의해 공이 골라인을 넘는 경우 주어지는 데 키커는 골대 앞으로 공을 자유자재로 보낼 수 있다. 이때 공격자들은 헤딩 또는 발리킥을 노릴 수 있다. 코너킥의 종류로는 골대 정면으로 보내는 코너킥, 먼 쪽의 골포스트 코너킥, 가까운 골포스트 코너킥, 숏 코너킥 등이 있다.

라. 오펜스

오펜스란 축구에서 공격을 말한다. 골키퍼의 손을 떠난, 혹은 하프라인로부터의 킥 오프로 공이 움직이기 시작하는 순간부터 드리블, 패스로 상대 팀의 골대를 향해 슛하기까지가 오펜스이다.

1) 중앙돌파

중앙돌파는 그라운드 중앙에서 상대방의 수비를 피하여 공격하는 방법이다. 중앙은 보통 상대방 수비가 가장 두텁다. 그렇기 때문에 중앙돌파는 월 패스와 스루패스, 드리블 등을 이용하여 수비진을 무너뜨려야한다. 중앙은 수비진들이 많이 포진되어 있기 때문에 날카롭고 작은 패스, 안정되고 확실한 드리블로 돌파해 나간다.

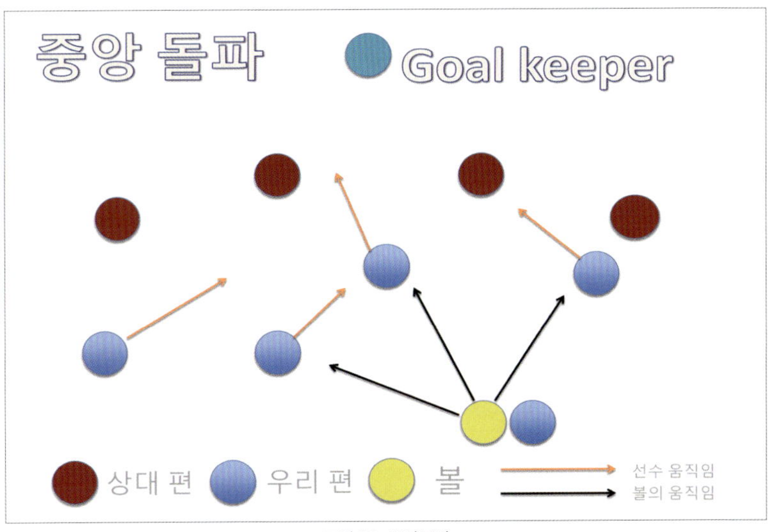

그림 08. 중앙돌파

2) 사이드공격

중앙돌파와 달리 반대로 사이드 라인을 따라 상대방 진영으로 돌파해서 센터링 등으로 슛 찬스를 만들어 가는 것이 사이드 공격이다. 사이드 라인 주변은 상대 팀의 수비가 적어서 돌파하기가 수월하나 골대 근처에 있는 우리 팀 포워드에게 공을 다시 패스하기는 어려운 단점이 있다. 사이드 공격은 우리팀의 공격수가 빠른 드리블과 빠른 패스, 스루패스를 이용한 속공이 주효하다. 빠른 스피드를 이용하여 상대방 진영으로 얼마나 깊게 파고들어갈 수가 있는 가가 포인트이다.

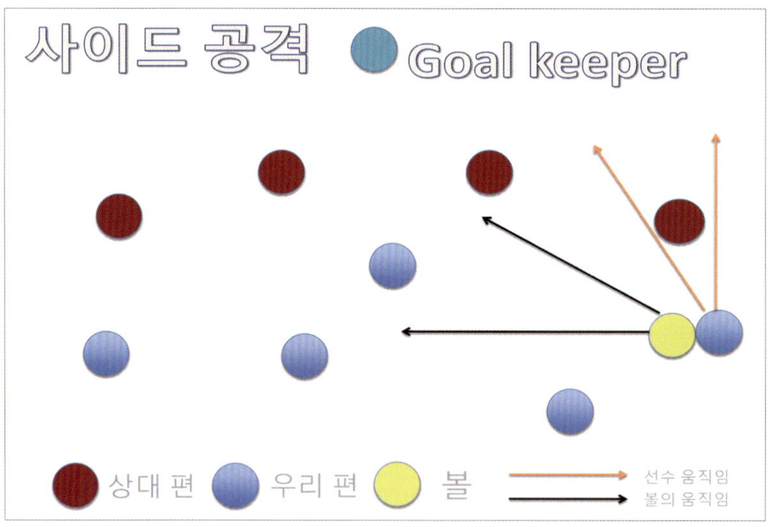

그림 09. 사이드 공격

3) 오버래핑

하프 라인 후방에 있는 일부의 수비자가 드리블 등으로 일시에 앞으로 공을 몰고 들어와 센터링을 하거나 돌연 슛을 쏘는 공격이다. 후방의 수비수가 공격에 참가하기 때문에 상대 팀 디펜스의 허점을 찌를 수 있는 것이 이 작전의 장점이다. 상대팀의 허점을 노리는 만큼 성공 확률이 높지만 실패할 경우 공격에 가담했던 수비수가 다시 수비에 돌아오기에 시간이 걸려 수비가 약해질 경우가 있다.

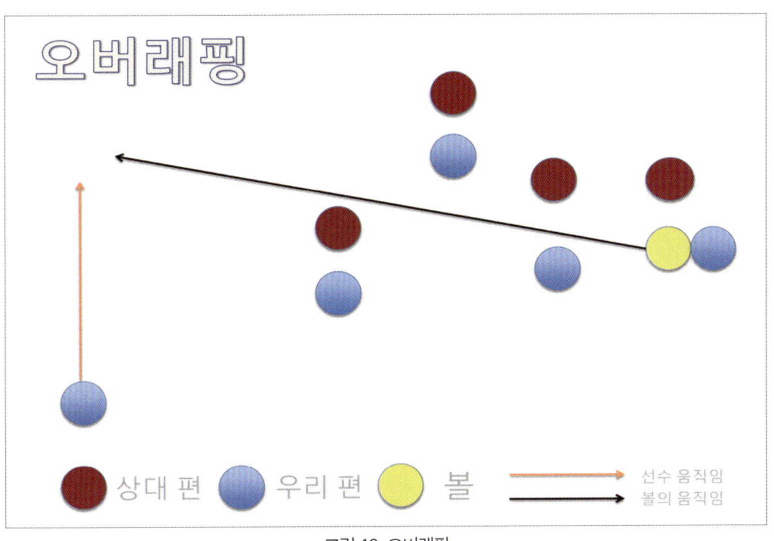

그림 10. 오버래핑

4) 페이스 체인지

페이스 체인지는 게임 전체에서 공격의 스피드를 수시로 바꾸어 상대 팀 수비를 교란하여 득점과 연결하는 공격이다. 같은 리듬으로 계속 공격을 하게 되면 상대방이 쉽게 우리팀의 의도를 간파하여 공격이 수월해지지 않는다. 이럴 때에 패스를 느린 템포로 지속적으로 하다가 일시에 롱패스를 보내거나 패스를 빠른 템포로 바꾸어 상대방 디펜스에 혼란을 주는 공격이다. 주로 필요한 기술은 긴 세로 패스, 빠른 드리블, 페인트 등이 필요하다.

5) 사이드 체인지

터치라인을 따라 공격을 개시해서 상대팀 수비를 끌어들여 일시에 허술해진 반대편으로 공을 보내 신속하게 공격을 개시한다. 쉽게 얘기하여 양쪽을 흔들어 허술해진 공간을 찾아 그곳으로 돌파하는 방법이다. 주요 필요한 기술은 롱패스를 보내기 위한 인프론트, 아웃프론트, 인스텝 킥 등이 필요하다.

6) 기타 · 속공

상대 팀이 오버래핑과 같은 공격을 개시해온 경우, 상대 팀의 수비 라인이 되돌아오기 전에 적진 깊숙이 공격을 시도해 가는 작전을 속공이라 한다. 또는 인터셉트 한 공을 짧고 긴 패스를 이용해 일순간에 수비에서 공격으로 전환하는 것을 속공이라 한다. 속공은 개인적인 기술보다는 경기의 흐름을 읽는 능력이 더욱 요구된다.

마. 디펜스

디펜스란 상대팀의 공격을 막아내는 것을 말한다. 디펜스의 핵심은 골키퍼에게 있다. 그러나 수비진과 미드필더, 공격수 역시 모두 수비에 직,간접적으로 참여해 상대팀의 공격을 막아내는 것이 현대 축구의 흐름이다.

1) 업사이드 트랩

업사이드란 공이 아직 공격하는 팀의 최전선 선수보다 후방에 있음에도 불구하고 상대 팀의 수비수들보다 앞에서 대기하여 그 선수 앞에는 골키퍼 밖에 없는 상태에서 우리 팀이 패스를 보냈을 때의 반칙이다. 업사이드를 범하면 수비측에게 간접 프리킥이 주어진다. 이 업사이드를 팀플레이로 만들어 의식적으로 공격하는 팀의 최전선 선수를 반칙에 걸리게 만드는 것이 업사이드 트랩이다. 하지만 이 업사이드 트랩이 팀플레이로 잘 훈련이 되어 있지 않으면 디펜스는 커녕 상대방에게 골키퍼와 1대 1등의 절호의 찬스를 줄 수 도 있다.

2) 마크

마크란 상대 팀 한사람 한사람에게 직접적으로 압력을 주는 행위로 포지셔닝을 기본으로 상대팀이 패스나 슛, 움직임에 제약을 주는 것이다. 모든 팀들은 각각의 전술과 전형, 시스템이 있어 마크는 그 것에 따라 대응한다.

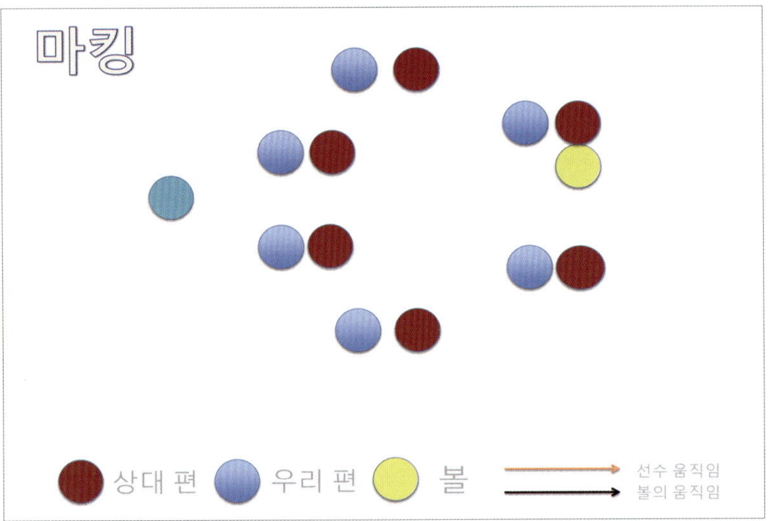

그림 11. 마킹

3) 포지션

디펜스의 기본인 포지션은 선수는 항상 골대를 등지고 있어야한다는 것이다. 또한 상대팀의 패스 코스나 슛 코스, 드리블을 차단하거나 방해하는 것이다. 패스 코스를 막기 위하여 상대방을 마크하면서 포지션을 잡아 상대방 선수가 패스를 하지 못하도록 강요하는 것이다. 슛과 드리블 역시 마찬가지이다.

4) 원사이드 컷

원사이드 컷은 그 핵심이 포지셔닝에 있다. 즉 상대방이 드리블 또는 슛, 패스를 하지 못하도록 한 방향으로 마크하는 것이다. 예를 들어 터치라인 쪽에서 공격수가 드리블을 해오며 공격을 해오면 수비수는 우리 팀 골대를 등지고 터치라인을 바라보며 공격수를 마크 한다. 이렇게 되면 공격수는 터치라인 방향말고는 다른 방향으로는 공격을 전개하기 힘들어진다.

5) 클리어

일부러 터치라인을 넘는 볼을 차내거나 상대팀의 후방으로 볼을 차내는 작전으로 우리 팀의 자세를 갖출 수 있으며 우리팀의 전선으로 패스되면 일시에 공격으로 옮길 수 도 있게 된다. 클리어하는 경우에는 분명한 의지로 확실하게 차내는 것이 중요하다.

부록 1

축구의 용어해설

가

간접 프리킥

어느 한 팀이 반칙을 범했을 때 그 상대 팀에게 주는 프리킥의 일종이며, 차는 사람 이외에 다른 선수에게 공이 터치되지 않으면 골 인이 되어도 득점으로 인정되지 않는다.

게임메이커

게임의 공수 작전에서 중심적 활동을 하는 선수로 실전상 코치의 역할을 담당하는 재치있고 능력이 있으며, 경험이 풍부한 에이스가 게임메이커가 된다.

경고

경기 중 선수가 주심의 허가없이 경기장을 출입하거나 주심의 판정에 불복하는 행위이다. 반칙을 계혹 범하는 등의 비신사적인 행동을 하였을 때 그 선수에게 주심은 경고를 줄 수 있다. 이것이 되풀이 되면 퇴장을 당하게 된다.

골네트

골 뒤에 쳐놓은 그물로서, 득점의 여부를 판정하는데 도움이 된다.

골 커버

골키퍼가 골대를 비웠을 때 다른 선수가 골대를 지키는 것을 말한다.

골키퍼

골대를 수비하는 선수로 페널티 에어리어 안에서도 손을 사용할 수 있는 유일한 선수이다. GK

골키핑

골키퍼가 골을 수비하는 기술

골 킥

볼이 골대에 들어가지 않고 골 라인 밖으로 나갔을 경우 볼에 마지막으로 접촉한 자가 공격측이라면 수비측의 골 킥이 된다. 이 경우 보통 골키퍼나 풀백이 찬다.

국제 심판원

국제 축구 연맹으로부터 국제경기의 주심을 맡아볼 수 있도록 허가를 받은 사람. 축구협회의 추천에 따라 엄밀히 심사하여 임명한다.

그라운드 패스

볼이 땅위로 굴러가는 패스

골대

골 라인의 중앙에서 세워진 폭 7.32m, 높이2.44m의 문. 공이 골대를 완전히 통과해야만 득점이 인정된다.

골 에어리어

골대 앞에 그려진 안 쪽의 선. 가로 18.3m, 세로5.5m의 지역. 골 킥을 할 때 놓고 찬다.

골인

공이 두개의 골대 포스트 사이에서 크로스바 밑의 공간을 완전히 통과하는 것이며 득점이 인정된다.

골포스트

골 라인 위에 세워진, 양쪽 코너로부터 같은 거리상에 수직으로 세운 두개 의 기둥. 크로스 바와 더불어 골대를 이룬다. 기둥의 두께와 폭은 12cm이하이어야한다.

나

노마크

슛 상대팀의 방해를 전혀 받지 않고 하는 슛

니 킥

볼을 무릎으로 받아 넘기는 킥으로 골 문 앞에서 주로 행하여 진다.

노플레이

경기로 인정하지 않는 플레이

다

다이렉트 킥

공중을 날아오는 볼이나 굴러오는 볼을 정지시키지 않고 그대로 차는 킥

다이렉트 패스

볼을 정지시키지 않고 한 번의 터치로 연결하는 패스

다이렉트 프리킥

직접 프리킥

다이빙 헤딩

낮은 볼의 헤딩에 적합한 것으로 뛰어들면서 앞으로 엎어지듯 하는 헤딩

대각선식 심판법

현재 채용되고 있는 심판법이며, 주심은 그라운드를 대각선으로 움직이고, 2명의 선심은 주심과 먼 쪽의 터치라인을 절반씩 분담하여 움직이면서 판정한다.

대시

짧은 거리에서 속력을 내어 달리는 동작.

더블유 엠 시스템

고대 축구의 기본적인 시스템으로 스리백 시스템에서 포워드 5명이 더블유W형으로 위치하고 사이드 하프 2명과 풀 백 3명이 엠M형으로 위치한다.

더블스토퍼

공격하는 상대 팀의 중심 선수에게 2명의 풀 백을 마크시키는 경우, 이 2명을 일컫는 말이다.

데인저러스 플레이

주심이 위험하다고 인정하는 플레이로 간접 프리킥이 주어진다.

드로우 인

볼이 터치라인 밖으로 나갔을 때 마지막으로 볼에 닿은 선수의 상대방이 경기의 재개를 위해 그 지점에서 경기장 안으로 볼을 던져 넣는 기술

드로잉

골 키퍼가 볼을 잡은 다음 자기편에게 던져주는 기술

드롭킥

주로 골 키퍼가 차는 것으로 볼을 땅에 떨어뜨려 볼이 튀어오르는 순간을 이용하여 차

내는 킥 방법

드리블 어택

개인기술이 월등히 뛰어날때 흔히 사용하는 전법으로 상대팀의 풀 백 진영을 뚫고 들어가 골인을 시도하는 공격기술

드리블

공을 자기의 플레이 범위 안에서 컨트롤하면서 발로 몰고 나가는 기술

라

라이트 백

풀백 중 오른쪽에 위치하는 선수

라이트 윙

포워드 중 오른쪽에 위치하는 선수

라인즈 맨

선심

런닝점프 헤딩

날아오는 볼을 뛰어서 점프하여 헤딩하는 기술

런닝 패스

달리면서 패스하는 것으로, 뛰고 있는 자기편의 속도와 방향에 맞추어서 패스하는 것이 관건

레프리

주심

레프리 볼

경기 도중 선수가 부상당하거나 그 밖의 이유로 경기를 중단했을 때 게임을 재개하는 방법으로 레프리가 볼을 허리 높이에서 떨어뜨려 땅에 닿으면 인플레이가 된다.

레프트 백

풀백 중 왼쪽에 위치하는 선수

레프트 윙

포워드중 왼쪽에 위치하는 선수

로스 타임

게임 도중 사고나 선수의 부상 등로 인하여 허비되는 시간을 말하며 주심의 판단에 따라 그 시간만큼 경기 시간을 연장할 수 있다.

로빙 볼

느리고 큰 호를 그리면서 나는 볼을 말하며, 흔히 공격할 때 상대 진영으로 띄우거나 상대 팀의 라인 뒤로 패스를 보낼 때 사용한다.

롱 패스 어택

공을 길게 차서 실시하는 전법

링크맨

게임의 상황을 판단하여 우리팀의 공격 체계를 잡아나가는 핵심적인 선수

마

매스 드리블전법

19세기 오프사이드 규정이 엄격할 때 주로 드리블에만 의존하여 공격하던 전법

맨투맨

수비측의 한 선수가 공격측의 한 선수를 마크하는 전법으로 수비 전술의 기본

메디신 볼

트레이닝을 위하여 만든 것으로 표준 볼보다 약간 무겁다.

마크

상대에게 접근하여 상대방이 자유로운 플레이를 하지 못하도록 하는 수비 행위

바

백업

공을 가지고 있는 자기 편을 지원하기 위하여 그 뒤 쪽이나 주변에 위치하는 일로 자기

편이 뚫릴 때를 대비해서 후방에 위치하는 것

백 라인

백들 전원의 방어진형을 말한다. 스리 백 라인이나 포 백 라인 등 방어의 최종 포진을 말한다.

백스윙

볼을 차기 전에 차는 발 전체를 뒤쪽으로 흔드는 동작

백 차지

상대방의 뒤에서 상체를 부딪히는 행위로 직접 프리킥이 주어진다.

볼 리프팅

발, 이마, 어깨 등으로 볼을 튕기는 일 계속 하는 것으로 올바른 자세가 만들어지며 볼 컨트롤에도 도움이 된다.

볼 키핑

공을 가지고 유지하는 것

사

사이드

진지의 뜻이다. 하프웨이 라인을 경계로 하여 상대 팀의 사이드, 자기 팀의 사이드라고 함. 시합 후반에는 서로 바꾼다.

섀도우 드리블

볼을 갖지 않고 뛰는 사람의 행동에 따르면서 하는 드리블 일종의 드리블 연습방법이다.

센터포워드

포워드 중 중앙에 위치하는 경기자이며 공격의 핵심이 된다.

속공

상대방이 수비 태세를 갖추기 전에 재빨리 공격하는 방법, 롱 킥이나 킥 앤 러시가 사용된다.

숄더차지

어깨로 상대방의 어깨를 밀면서 몸의 균형을 잃게 하는 방법으로 어깨만을 사용해야 반칙이 되지 않는다.

스위퍼

수비진의 최후방을 전문적으로 지키는 선수로 가장 위험한 곳을 커버하는 일을 맡은 예비 풀 백 볼을 청소한다는 뜻에서 붙여진 이름이다.

스탠드 헤딩

선 자세에서 취하는 헤딩

선심

양 쪽 터치라인을 따라 배치된 2명의 심판으로 주심을 보좌한다. 깃발을 하나씩 들고 그것을 올리고 내림으로서 주심과 선수에게 신호를 한다.

신가드

정강이를 보호하기 위해 스타킹 안에 대는 용구

아

아웃 오브 플레이

볼이 터치라인을 완전히 넘었을 경우나 주심이 경기의 중지를 명했을 경우 등 경기가 일시적으로 중단된 상태이다. 그 동안은 정규의 경기 시간에 가산하지 않는다.

에어리어

일정한 지역이라는 뜻으로 골 에어리어, 페널티 에어리어, 코너 에어리어 등이 있다.

엔드라인

골 라인

어드벤티지 룰

반칙을 범한 팀에 불리하게 되는 것 같은 게임의 진행상태가 되었다고 판단될 때에 주심은 그 반칙이나 위반을 벌하기 위해 게임을 중단하지 않고 그대로 게임을 속행하는 데에 대한 규칙. 게임 전체의 진행상황을 잘 보고 정확한 판단을 내리도록 요구되는 룰이다.

와일드 차지

위험한 행동

인터셉트

상대팀의 패스 코스를 간파하여 중간에서 볼을 가로채는 것

차

칩 킥

볼 밑을 비스듬히 깎듯이 차는 킥 볼이 역회전하면서 낙하하므로 키커 앞으로 되굴러 오는 것 같은 느낌을 준다.

카

캐칭

골 키퍼가 상대편이 슛할 볼을 두 손으로 잡는 기술

콘덕트 바이얼렌트

심판에게 폭언을 하거나 욕설을 하는 행위로 퇴장을 당하게 된다.

클리어링

수비수가 골대 앞의 위험 구역에서 볼을 크게 차내어 상대팀의 공격을 극복해 나가는 일

코너킥

공이 마지막으로 수비자의 몸에 맞고 골라인 밖으로 나갔을 경우 공격 팀에 주어지는 프리킥이다. 코너 에어리어 안에 공을 놓고 찬다.

킥앤러시

상대방이 없는 장소에 볼을 길게 차 주면 포워드가 쫓아가 스피드로 공격을 전개하는 방법이다. 체력이 강한 팀이 사용하는 효과적인 방법

킥오프

시합 개시, 후반전 개시, 득점 후의 시합 재개 시에 공을 그라운드 중앙에 놓고 킥 오프

로 시작된다. 이 때 상대편은 센터 서클 안에 들어오지 못한다.

타

토스

어느 쪽이 킥오프를 하느냐를 결정하기 위하여 동전같은 것을 던져 그 표리를 가지고 결정하는 것

트릭 플레이

프리 킥 등에서 득점을 목표로 상대팀의 판단을 혼란시키는 속임수의 콤비네이션 플레이

부록 2

축구의 규칙

부록 2에는 축구의 규칙 중 경기장의 시설과 용구, 주심의 권한과 임무 위주로 조사하여 서술하였다. 축구의 규칙에 더 자세한 부분은 출처인 대한축구협회 공식 홈페이지 www.kfa.or.kr 참고

경기장 표면

대회 규정에 따라 천연잔디 또는 인조잔디 위에서 경기할 수 있다.

인조잔디의 색상은 반드시 녹색이어야 한다.

FIFA 가맹 협회 대표팀 또는 국제 클럽팀의 공식 경기에서 인조표면을 사용할 경우, FIFA의 특별 지침을 받지 않았다면 표면은 축구 잔디용 FIFA 품질 기준 또는 국제 인조잔디 표준의 조건을 충족해야 한다.

경기장의 표시

경기장은 반드시 직사각형 이어야 하고 선으로 표시한다. 경계선은 각 지역 넓이에 포함된다. 두 개의 기 경계선은 터치라인이라 한다. 두 개의 짧은 경계선은 골라인 이라 한다. 경기장은 2개 터치라인의 중앙지점과 만나는 중앙선(하프웨이 라인)에 의해 둘로 나누어진다. 센터마크는 중앙선의 가운데 지점에 표시한다. 센터서클은 반지름이 9.15mm(10야드)인 원을 그려 표시한다.

코너킥을 실시할 때 수비수들이 규정 거리를 물러설 수 있게, 경기장 밖에 표시할 수 있으며, 이 표시는 코너 아크로부터 9.15미터(10야드) 떨어진 골라인과 터치라인에 직각으로 표시할 수 있다.

크기

터치라인의 길이는 골라인의 길이보다 반드시 더 길어야 한다.

길이 최소 90미터(100야드) 최대 120미터(130야드)

너비 최소 45미터(50야드) 최대 90미터(100야드)

모든 선은 동일한 너비이어야 하고, 그 너비는 12cm(5인치)이하 이어야 한다.

골에어리어

각 골 포스트의 안 쪽에서 코너 쪽으로 5.5m(6야드)되는 곳에서 골라인과 직각되게 경기장 안 쪽으로 5.5m(6야드) 길이의 두 개의 선을 긋고 , 그 끝을 골라인과 평행이 되게 직서으로 연결시킨다. 이 선들과 골라인으로 둘러싸인 지역이 골 에어리어다.

페널티 에어리어

각 골 포스트의 안쪽에서 16.5m(18야드)되는 곳에서 골라인과 직각되게 경기장 안쪽으로 16.5m(18야드) 길이의 두 개의 선을 긋고 그 끝을 골라인과 평행이 되게 직선으로 연결한다. 이 선들과 골라인으로 둘러싸인 지역이 페널티 에어리어다.

각 페널티 에어리어 안의 양 골 포스트 사이 중앙 지점에서 11m 되는 지점에 페널티 마크를 표시한다.

페널티 아크는 각 페널티 마크 중앙에서 반지름이 9.15m(10야드)인 원호를 페널티 에어리어 밖에 그린다.

플랙포스트

높이 1.5m(5피트) 이상의 끝이 날카롭지 않은 깃대와 깃발을 각 코너에 설치해야 한다. 중앙선의 양 끝 터치라인 밖 1m(1야드) 이상 되는 지점에 깃대를 설치할 수 있다.

코너아크

각 코너 플랙 포스트에서 반지름이 1m(1야드)인 1.4원을 경기장 안쪽에 그린다.

골

골은 반드시 각 골 라인 중앙에 설치한다. 양 코너 플랙 포스트에서 같은 거리에 두 개의 포스트를 수직으로 세우고, 두 개의 포스트 윗 부분을 수평의 크로스바로 연결한다. 골포스트와 크로스바는 나무 또는 금속, 다른 승인된 재료로 만들어져야 한다. 그것은 선수에게 위험하지 않아야 하며, 반드시 정사각형, 직사각형, 원 또는 타원형이어야 한다. 양포스트 거리는 7.32m(8야드)이고, 지면에서 크로스바의 아래쪽 까지의 높이는 2.44m(8피트)이다. 골포스트와 크로스바의 폭과 두께는 같아야하며, 12cm(5인치)를 초과해서는 안된다. 골 라인의 폭은 골포스트와 크로스바의 폭과 같아야 한다. 골 네트를 골과 골 뒤쪽 지면에 설치할 수 있으나 골 네트가 완전하게 받쳐지고 골키퍼를 방해하지 않는 조건이어야 한다 골포스트와 크로스바는 반드시 흰색이어야 한다.

안전

골은 지면에 안전하게 고정되어야 한다. 이동식 골은 안전에 대한 조건이 갖추어 졌다면 사용할 수 있다.

볼의 품질과 규격

볼은 둥근 모양

가죽 또는 알맞은 재질

둘레 길이는 68cm(27인치) 이상, 70cm(28인치)이하

경기 시작 시, 무게는 410g(14온스)이상 450g(16온스)이하

공기 압력은 해면에서 0.6기압 이상~ 1.1기압이어야 한다.

결함이 있는 볼의 교체

경기중에 볼이 터지거나 결함이 발생한다면

- 경기중단
- 경기는 원래의 볼이 결함이 발생된 위치에서 드롭 볼로 재개한다. 골 에어리어 내에서 중단된 경우는 플레이가 중단되었을 때에 볼이 있던 위치에서 가장 가까운 골라인과 평행한 골에어리어 선상에서 교체된 볼을 드롭하여 재개한다.

만약 페널티킥을 하는 동안이거나 페널티 마크에서 볼이 킥이 되어 앞으로 움직이는 상황일 때 볼이 선수, 크로스바 또는 골포스트에 닿기 전에 볼이 터지거나 결함이 되

었다면

– 페널티킥을 다시 실시한다.

킥오프, 골킥, 코너킥, 페널티 킥, 스로인에서 인 플레이가 아닌 동안, 볼이 터지거나 결함이 발생한다면

– 경기는 상황에 따라 재개한다.

볼은 경기하는 동안 주심의 허락 없이 바꿀 수 없다.

선수의 수

경기는 각각 11명 이하로 구성된 두 팀에 의해서 플레이되며, 선수들 중 한 명은 골키퍼이다. 어느 한 팀이 7명보다 적을 시에는 경기를 개시할 수 없다.

교체 선수의 수

공식경기

FIFA, 대륙연맹, 국가 협회 등에서 주관하는 공식 경기에서는 경기 중 최대 3명까지 교체할 수 있다.

대회규정에는 반드시 몇명을 교체할 수 있는 지(3명에서 최대 12명)명시되어야 한다.

기타경기

국가 대항 A팀 경기에는, 최대 6명까지 교체할 수 있다.

다른 모든 경기에서, 다음의 조건이라면, 더 많은 수의 교체를 할 수 있다.

– 해당 팀들이 최대 교체 수에 대하여 동의했을 때

– 주심이 경기 전에 통보를 받았을 때

주심이 통보를 받지 않았거나, 합의가 경기 전에 되지 않았다면, 교체 선수 6명의 초과는 허용되지 않는다.

교체 절차

모든경기에서 교체 선수의 이름은 경기시작 전에 주심에게 주어져야 한다. 교체 선수 중 이름이 경기 시작전에 주심에게 주어지지 않았다면 그 경기에 참여할 수 없다.

경기자를 교체 선수로 교체하기 위해서는 다음 조건들을 준수해야 한다.

- 주심은 교체하기 전에 선수교체 의사를 통보받아야 한다.
- 교체선수는 교체되어 나가는 선수가 경기장을 떠난 뒤 주심의 신호를 받은 후 경기장에 입장한다.
- 교체 선수는 경기가 중단되었을 경우에만 경기장의 중앙선에서 입장한다.
- 교체는 교체선수가 경기장에 들어가면 완료된다.
- 그 순간부터 교체선수는 경기자가 되고 교체한 선수는 교체된 선수가 된다.
- 모든 교체 선수들은, 경기에 참여하든 아니든 주심의 권위와 권한에 복종해야 한다.

골키퍼 교대

어느 경기자라도 골키퍼와 위치를 바꿀 수 있으나, 다음의 조건이어야 한다.

- 바꾸기 전에 주심에게 알려야 하고,
- 경기가 중단된 동안 교대한다.

위반과 처벌

교체선수 또는 교체된 선수가 주심의 허락이 없이 경기장에 입장한다면

- 주심은 플레이를 중단시킨다. (교체 선수 또는 교체된 선수가 플레이를 방해하지 않는다면 즉시 중단시킬 필요는 없다.)
- 주심은 반스포츠적 행위에 대해 선수에게 경고하고 경기장을 떠나도록 명령한다.
- 주심이 플레이를 중단시켰다면, 중단되었을 때에 볼이 있던 지점에서 상대 팀의 간접프리킥으로 재개한다.

선수와 교체선수가 바뀐 것을 주심에게 알리지 않았을 경우

-주심은 교체선수가 계속 경기하는 것을 허락한다.

-해당 교체 선수에게 어떠한 징계도 내리지 않는다

-해당 팀의 선수교체로 간주하지 않는다.

-주심은 이에 대해 해당기관에 보고한다.

주심의 허락없이 골키퍼와 선수가 위치를 바꾼다면

- 주심은 경기가 계속되도록 허용한다.
- 주심은 다음 아웃 오브 플레이때 해당선수들을 경고 조치한다.

본 규칙의 다른 위반은

- 해당 경기자들을 경고 조치한다.
- 경기가 중지 되었을 때, 볼이 있던 위치에서 상대 팀의 간접 프리킥으로 재개한다.

경기자와 교체선수의 퇴장

경기자가 킥오프 전에 퇴장 되었을 때 등록된 선수 중의 한 명으로 보충할 수 있다. 킥오프 전 또는 플레이가 시작된 후 어느 쪽이든, 퇴장당한 교체선수는 보충할 수 없다.

안전

선수는 자신이나 다른 선수에게 위험한 장비를 사용하거나, 착용해서는 안된다.(보석류 포함)

기본 장비

선수의 기본 장비는 다음과 같이 각각 이루어진다.

- 소매가 있는 상의 : 만일 속옷을 입는다면, 소매의 색상은 상의 소매의 주 색상과 같아야 한다.
- 하의 : 만약 보온 바지 또는 타이즈를 입는다면, 반드시 하의의 주 색상과 같아야만 한다.

- 스타킹 : 테이핑 또는 비슷한 재질의 색상은 스타킹의 주 색상과 같아야 한다.
- 정강이 보호대
- 신발

정강이보호대

- 스타킹으로 완전히 덮는다
- 고무, 플라스틱 또는 유사 적절한 재료로 제작된 것을 사용한다.
- 보호의 정도에 무리가 없는 것

색상

- 두 팀은 양 팀 간 주심 및 부심과 구별되는 색상의 유니폼을 입어야 한다.
- 각 골키퍼는 다른 선수들, 주심, 부심과 구별되는 색상을 입어야 한다.

위반과 처벌

본규칙을 위반 했을 경우

- 경기를 중단시킬 수 있다.
- 주심은 잘못이 있는 선수에게 장비를 고치기 위해 경기장을 떠나도록 지시한다.
- 선수가 자신의 장비를 이미 고치지 않는다면, 중단될 때에 경기장을 떠나야한다.
- 자신의 장비를 고치기 위해 경기장을 떠나도록 지시를 받은 선수는 주심의 허락 없이 재입장하지 못한다.
- 주심은 그 선수에게 경기장에 재입장 하도록 허락하기 전에 선수의 장비가 올바른지 확인한다.
- 선수는 볼이 아웃오브 플레이 때에만 재입장이 허용된다.

이규칙을 위반하여 경기장을 떠나도록 요구받은 선수가 주심의 허락없이 경기장에 재입장할 경우 반드시 경고해야한다.

플레이재개

주심이 경고를 주기 위해 플레이를 중단시켰다면

- 주심이 경기를 중단시켰을 때 볼이 있던 지점에서 상대 팀의 간접프리킥으로 재개한다.

주심의 권위

경기 규칙 시행과 관련된 모든 권위를 가지고 있는 주심에 의해 경기가 관리 되도록 매 경기마다 주심이 임명된다.

권한과 임무

주심은:

- 경기 규칙을 시행한다.
- 부심 또는 대기심과 협조하여 경기를 관리한다.
- 사용되는 볼이 규칙 2의 요구조건에 맞는 지 확인한다.
- 선수의 장비가 규칙 4의 요구조건에 적합한지 확인한다.
- 경기 기록과 계시원의 역할을 한다.
- 경기 규칙의 위반이 있을 경우 주심의 재량권으로, 경기를 중지, 일시 중단, 종료시킬 수 있다.
- 모든 형태의 외부 방해로 인해 경기를 중지, 일시 중단, 종료시킬 수 있다.
- 주심의 견해로, 선수가 심한 부상을 입었다면, 경기를 중단시키고 그 선수를 경기장에서 나가도록 한다. 부상당한 선수는 경기가 재개된 후에만 경기장에 복귀할 수 있다.
- 상처에서 피가 나는 선수는 경기장을 떠나도록 한다. 그 선수는 출혈이 멈췄는지를 반드시 확인한 주심의 신호를 받아야만 복귀할 수 있다.
- 반칙을 다한 팀이 이득이 있을 때에만 경기를 계속하도록 허용하고 예상된 어드밴티지가 그 당시에 실현되지않는다면 최초의 반칙으로 처벌한다.
- 선수가 한 가지 이상의 반칙을 동시에 범한다면, 더 심한 위벌을 처벌한다.

- 경고성과 퇴장성 반칙을 저지른 선수에 대하여 징계조치를 취한다. 주심은 이 조치를 즉시 취할 의무는 없지만 볼이 다음 아웃오브 플레이 될 때에 반드시 취해야 한다.
- 스스로 책임 있는 태도로 행동하지 않은 팀 임원들에게 대해 조치를 취한 다음 주심의 재량권으로 팀 임원을 경기장이나 그 주변에서 추방시킬 수 있다.
- 주심이 목격하지 못한 사건에 대해 부심의 충고에 따라 처리한다.
- 허가를 받지 않은 사람의 경기장 입장을 불허 한다.
- 경기 보고서를 해당 기관에 제공하고, 이 보고서는선수 그리고/또는 팀 임원에게 취해진 징계조치에 대한 것과 경기 전, 중 또는 후에 발생한 기타 사건에 대한 정보를 포함해야한다.

주심의 결정

플레이와 관련된, 득점 여부 그리고 경기의 결과를 포함한 사실에 대한 주심의 판정은 최종적인 것이다.

주심은 경기를 재개하지 않았거나 경기를 종료시키지 않았을 경우에 한하여 결정의 잘못을 깨달았거나 부심 또는 대기심의 조언에 따라 결정을 바꿀 수 있다.

임무

부심은 2명이 임명되며, 부심의 임무는 주심의 판정에 복종하고 다음의 사항을 지적하는 것이다.

- 볼 전체가 경기장을 넘어갔을 때
- 어느 팀이 코너킥, 골킥 또는 스로인을 할 권리가 있는 지
- 선수가 오프사이드 위치에 있기 때문에 처벌을 받아야할 겨우
- 선수 교체가 요청될 때
- 불법행위 또는 어떤 상황이 주심의 시야 밖에서 발생했을 때
- 주심보다 부심이 반칙이 더 잘 보이는 위치에 있을 때(이는 페널티 에어리어 내에서 발생한 반칙을 포함한다)

- 페널티 킥에서 볼이 킥이 되기전에 골키퍼가 골라인을 벗어나 움직이는지 여부 그리고 볼이 골라인을 넘었는 지 여부

조력

부심들은 경기 규칙에 일치하여 경기를 관리하는 주심을 조력한다. 특히, 부심들은 9.15m 거리 조정을 돕기위해 경기장 안으로 들어갈 수 있다.

부당한 간섭이나 부적절한 행동의 경우, 주심은 그의 임무에서 부심을 해임시키고, 해당 기관에 보고서를 제출한다.

경기 시간

경기는 주심과 양 팀 사이에 서로 다르게 동의되지 않는다면 45분의 동등한 시간의 전, 후반으로 진행된다. 경기 시간을 변경하기 위한 동의는 반드시 플레이 시작 전에 이루어져야하며 반드시 대회 규정에 따라야한다.(예.불충분한 조명때문에 전,후반을 각각 40분으로 줄임)

하프타임 휴식

선수는 하프 타임휴식에 대한 권리를 갖는다.

하프 타임 휴식은 15분을 초과하지 않아야 한다.

대회규정은 하프 타임 휴식시간을 반드시 규정해야 한다.

하프 타임 휴식은 주심의 승인에 의해서만 변경될 수 있다.

허비된 시간의 공제

다음으로 인해 허비된 모든 시간은 전, 후반 경기 시간에 각각 계산된다.

- 선수 교체
- 선수의 부상정도 확인
- 치료를 위해 부상 선수를 경기장에서 내보내기
- 시간 낭비

– 기타 이유

허비된 시간의 계산은 주심의 재량권이다.

부록 3

시스템에 대하여

축구에서 말하는 시스템은 그라운드에서의 선수의 배치와 활동 방법을 말한다. 시스템의 종류에는 4-4-2, 4-3-3, 4-2-3-1, 4-5-1, 3-5-2, 3-4-3 등 종류가 매우 다양하다. 시스템에 있어 가장 중요한 것은 팀의 특색과 선수 개개인의 능력과 특징을 잘 파악하여 그 팀에 맞는 시스템을 선정하는 것이다. 좌우 사이드 공격을 활발히 하는 팀은 4-4-2와 같은 시스템을 활용하여 공격시에 수비수인 좌우 풀백 등의 오버래핑을 활용하고 수비가 강한 팀은 3-5-2와 같은 시스템을 활용하여 수비시에 스리백 외에 좌우의 2명의 선수를 수비로 내려 5백이 될 수도 있다. 이 것은 팀의 특성과 선수 개개인의 특성을 잘 파악하여야 좋은 경기 내용을 만들어낼수도 있지만 그 반대로 훈련이 잘 된다면 상대팀에 맞는 맞춤식 시스템을 구사할 수 있다는 것을 말한다. 최근 시스템의 추세는 강력한 수비형 미드필더 두명을 두는 4-2-3-1이 대세이지만 2014브라질 월드컵에서는 3-5-2 전술로의 회귀도 어느정도 성공을 보였다. 즉, 시스템에 정답은 없다.

1. 4-4-2

4-4-2는 수비수를 네 명을 두고 미드필더 역시 네 명을 두고 공격수는 두 명을 두는 시스템이다. 공격수가 두 명이라 투톱시스템이라고도 불리운다. 잉글랜드 팀이 고안해낸 것으로 알려진 이 시스템은 가장 기본적인 시스템으로 투톱의 유기적인 플레이로 골을 만들어내고 좌우측 공격수의 활발한 사이드 공격과 좌우측 수비수이 풀백의 오버래핑을 활동적으로 실시한다. 중앙에 있는 두 명의 미드필더는 공격과 수비의 유기적 연결을 중요시해야 하며 좌우측 한 쪽의 풀백이 오버래핑을 나갔을 시 상대방의 속공에 대비하여 커버를 할 준비를 해야한다. 이 시스템은 다른 시스템보다 공격적인 시스템이다.

2. 4-3-3

4-3-3 시스템은 4-2-4시스템을 토대로 하여 네 명의 수비수와 세 명의 미드필더, 세명의 공격수를 기본으로 한다. 공격수 세 명에게 공격을 맡겨 조화로운 공격을 만들어낸다. 보통 미드필더 중 1명은 세 명의 공격수를 돕는 공격형 미드필더 두 명의 미드필더는 중앙 장악과 수비를 돕는 수비형 미드필더로 구성된다. 또

한 세 명의 공격수 중 좌우 공격수들은 발이 빠른 선수들이 대부분 포진하고 있다.

3. 4-2-3-1

4-3-3 시스템을 토대로 기본 골자는 4-3-3 시스템을 토대로 하되 수비형 미드필더를 2명을 두어 수비와 중앙 장악을 완고하게 하는 역할을 한다. 한 명의 공격형 미드필더와 세 명의 공격수 그리고 좌우측 수비수들의 활발한 오버래핑을 특징으로 한다.

부록 4

오프사이드에 대하여

상대편 진영에서 패스를 받은 선수와 골 사이에 상대편 선수가 한 사람 밖에 없거나 혹은 한 사람도 없을 때를 오프사이드라고 한다. 축구의 룰에서 가장 난해하며 초보자들이 당황하는 것이 언제나 이 룰이다. 오프사이드일 경우 간접프리킥이 주어진다. 이것은 주로 선심이 체크한다

부록 5

세계의 축구

1 세계의 축구관련 기관

가. 국제축구연맹 (FIFA)

국제올림픽위원회(IOC) · 국제육상연맹(IAAF)과 더불어 세계 3대 체육기구로 불린다. 각종 국제축구대회를 주관하며, 각 대륙별 연맹이 원활하게 국제 경기 등을 운영할 수 있도록 지원하고 관리하는 세계 축구의 중심체로서의 역할을 수행한다. FIFA의 슬로건은 'For the Good of the Game'이다. 월드컵대회를 주최하는 것 외에 코칭스태프 양성을 위한 프로그램의 마련 및 축구의 보급 · 발전에 공헌하고 있다.

1904년 이전 이미 전 세계 각 국가별로 40개의 축구협회가 활동하고 있었으나 지역 간의 경기를 조정하고 감독할 기구가 필요하였다. 1904년 프랑스, 스위스, 네덜란드, 벨기에, 스페인, 스웨덴, 덴마크의 7개국이 프랑스 파리에서 모여 국제관리기구로서 국제축구연맹을 탄생시켰다. 이로써 어느 국가에서나 모두 단일화된 경기규칙에 따라 경기를 하게 되었고, 1908년 제4회 런던올림픽대회에서는 축구가 정식 경기종목으로 채택되었다.

FIFA는 초기에 프랑스 체육회관에 본부를 두고 활동하였으나, 1932년 스위스의 취리히로 본부를 옮겼다. 2001년 국가 간 화해와 이해증진에 이바지한 공로를 평가받아 노벨평화상 후보명단에 오르기도 하였다.

또한 FIFA의 하부 조직으로 6개의 지역(대륙)축구연맹이 있으며, 그 아래 각국의 협회가 있다. 6개의 지역축구연맹은 FIFA 산하의 아시아축구연맹(AFC), 유럽축구연맹(UEFA), 남미축구연맹(CONMEBOL), 북중미축구연맹(CONCACAF), 아프리카축구연맹(CAF), 오세아니아축구연맹(OFC)이다. 각 지역축구연맹의 연맹장이나 각국 축구협회 대표는 집행위원으로 활동한다.

FIFA는 원래 유럽의 축구협회들로만 구성되어 있었으나 1909년부터는 비유럽지역 국가들이 가입하기 시작하였다. 우리나라는 1933년 조선축구협회의 발족 이후 1947년 6월 국제축구연맹에 가입하였고, 북한은 1958년 국제축구연맹에 가입하였다.

2012년 FIFA 회원국 수는 209개국, 전 세계의 등록 선수는 2억 명이 넘는다.

아시아축구연맹 (AFC)

아시아 지역에서 열리는 축구 경기를 총괄하는 단체로 1954년 5월 8일 필리핀 마닐라에서 출범했다. 창립회원은 한국, 일본, 파키스탄, 필리핀, 싱가포르, 베트남, 아프가니스탄, 버마, 중국, 홍콩, 인도, 인도네시아 등 12개였다. 본부는 말레이시아 쿠알라룸푸르에 있으며 모하메드 빈 함맘(Mohamed bin Hammam)이 2002년 8월 1일부터 회장을 맡고 있다.

1975년과 2002년 이스라엘과 카자흐스탄이 탈퇴해 유럽축구연맹(UEFA)으로 편입했고, 오세아니아축구연맹(OFC)에 속했던 오스트레일리아는 2005년 AFC로 편입했다. 2011년 현재 회원국 수는 48개다. 회원국의 지리적인 위치에 따라 구분한 동아시아축구연맹(EAFF), 서아시아축구연맹(WAFF), 중앙 및 남아시아축구연맹(CAF & SAFF), 동남아시아축구연맹(AFF)을 산하에 두고 있다.

1954년 6월 21일 국제축구연맹(FIFA)의 승인을 받은 후 처음으로 주관 대회는 1956년 홍콩에서 열린 아시안컵(Asian Cup)이다. 이외에 주요 주관 대회로는 챔피언스리그, AFC 컵, 프레지던트컵(President's Cup) 등이 있다. 아시안컵과 챔피언스리그 우승팀에게는 각각 FIFA가 주관하는 컨페더레이션스컵(Confederations Cup)과 클럽월드컵(Club World Cup) 출전권을 준다. FIFA의 권한을 위임 받아 월드컵 지역 예선을 주관한다.

유럽축구연맹 (UEFA)

1953년 프랑스에서 열린 국제축구연맹 특별총회에서 각 대륙별 축구연맹 설립을 승인함으로써 1954년 6월 15일 스위스 바젤에서 설립되었다. 이후 1955년부터는 이사회에서 단독으로 여러 의결과 법안을 상정할 수 있게 되었으며, 기구가 커짐에 따라 1963년 기술위원회, 1968년 심판진위원회 등 여러 전문분야를 담당하는 소위원회를 창설하였다.

초창기부터 유럽에 문호를 개방해 경쟁을 유도함으로써 축구의 활성화에 힘썼다. 1955년 유럽 각국 리그의 우승 클럽들만 모아 시합하는 유럽클럽선수권대회(European Champion Clubs'Cup)와 유럽 각국에서 수시로 개최되던 산업박람회의 행사의 하나인 각 도시친선대항전(Inter-Cities' Fairs Cup)을 만들었다.

이어 1960년에는 유러피언 내이션스컵(the European Nations'Cup)과 유럽과 남아메리카의 양 대륙을 대표하는 챔피언 클럽간의 대회인 유럽-남미컵

(European/South American Cup)을 개최하였고, 1960년에는 각국의 주요 대회 우승팀끼리 모여 시합을 펼치는 유럽연맹컵위너스컵(The UEFA Cup Winners' Cup)을 개최하였다.

또한 1956년에는 국제축구연맹으로부터 1948년부터 계속된 국제청소년대회(International Youth Tournament)의 운영을 넘겨받았으며, 1968년에는 유러피언네이션스컵의 명칭을 유럽축구선수권대회(European Football Championship)로 바꾸었다.

이어 1971년부터 각도시친선대항전의 명칭을 UEFA컵으로 바꾸었으며,1973년부터는 유러피언컵과 컵위너스컵의 우승팀끼리 맞붙는 UEFA 슈퍼컵을 개최하였다. 1992년 유럽클럽선수권대회의 명칭을 UEFA 챔피언스리그로 바꾸었는데, 이 대회는 현재 세계에서 가장 수준 높은 대회 가운데 하나로 꼽힌다.

남미축구연맹 (CONMEBOL)

남아메리카 지역의 축구경기를 관할하는 단체로, 1916년 7월 9일 아르헨티나 독립 100주년을 기념하여 아르헨티나의 수도인 부에노스아이레스(Buenos Aires)에서 아르헨티나, 브라질, 칠레, 우루과이의 4개 국이 모여 창설하였다. 약칭 CONMEBOL(Confederación Sudamericana de Fútbol)은 Confederación에서 CON, Sudamericana에서 ME, Fútbol에서 BOL을 따서 만들어졌으며, CSF(Confederacion Sudamericana Football)라고도 한다.

파라과이는 1921년, 페루는 1925년, 볼리비아는 1926년, 에콰도르는 1927년, 콜롬비아는 1936년, 베네수엘라는 1952년에 가입하였으며, 2006년 기준 남아메리카 전지역을 통틀어 10개 회원국 축구협회가 가입해 있다.

연맹이 주관하는 주요경기로는 1916년부터 개최한 코파 아메리카 대회(남아메리카 축구선수권대회)가 있다. 남아메리카 월드컵이라고도 하는 지구촌 축구 축제 중 가장 오래된 이 대회는 홀수 해에 열리며, 우루과이와 아르헨티나가 14회로 최다 우승국이다. 현재는 남아메리카에게만 국한하지 않고 다른 대륙에도 문호를 개방해 적극적으로 초청하고 있는데, 1997년에는 북중미의 미국과 멕시코, 1999년에는 멕시코와 일본이 이 대회에 참가하였다.

또한 유럽의 챔피언스 리그처럼 남아메리카 축구 클럽 가운데 최고의 팀을 가리는 코파 리베르타도레스 대회가 있다. 해마다 열리는 이 대회는 1960년부터 시작되었으며, 아르헨티나가 19회로 최다 우승국이고 최다 우승 클럽은 7회 우승한 인디펜디엔테이다. 이 대회의 우승팀은 연말에 벌어지는 도요타컵(구 인터콘티넨탈컵)에 출전할 자격이 주어지며, 유럽 챔피언스리그 우승팀과 최강의 클럽팀을 가리는 대결을 펼친다.

그 밖에 ①엘리미나토리아스 아 라 코파 문디알, ②서드아메리카노 서브-20, ③서드아메리카노 서브-17, ④프레-올림피코 서브-23, ⑤서드아메리카노 페메니노, ⑥서드아메리카노 풋살, ⑦프리-도요타 리베르타도레스, ⑧코파 메르코수르, ⑨코파 메르코노르테, ⑩코파 콘메볼, ⑪수퍼코파 대회 등을 주관한다. 본부는 파라과이 루케에 있다.

북중미카리브축구연맹 (CONCACAF)

북중미카리브축구연맹(CONCACAF, Confederation Of North, Central American and Caribbean Association Football)은 북아메리카, 중앙아메리카, 카리브해 지역에서 열리는 축구 경기를 총괄하는 단체다. 1961년 9월 18일 북아메리카축구연맹(NAFC)과 중앙아메리카 및 카리브축구연맹(CCCF)이 통합해 멕시코시티에서 창설했다. 국제축구연맹(FIFA) 부회장이기도 한 잭 워너 회장이 1990년부터 역임하고 있다.

2011년 현재 40개 축구협회가 회원으로 가입돼 있다. 지리적으로 남아메리카에 위치한 가이아나, 수리남, 프랑스령 기아나가 남미축구연맹(CONMEBOL)이 아닌 CONCACAF에 가입돼 있고, FIFA 회원이 아닌 프랑스령 기아나, 과들루프, 마르티니크, 생 마르탱, 신트 마르텐 등이 CONCACAF에 가입돼 있다는 사실이 특이하다.

주관하는 주요 대회로는 CONCACAF 골드컵, CONCACAF 챔피언스리그가 있다. 골드컵은 1963년 시작한 CONCACAF 챔피언십을 1991년 개편한 국가대항전으로 2003년부터 2년 주기로 열린다. 한국, 브라질, 콜롬비아, 페루 등 회원국이 아닌 다른 나라에게도 문호를 개방했으나 2007년 대회부터 초청 팀 제도를 없앴다. 챔피언스리그는 1962년 시작한 클럽대항전으로 해마다 열리며 우승팀은 클럽월드컵에 출전할 수 있다.

아프리카축구연맹 (CAF)

아프리카 각 나라의 축구협회를 대표하며, 아프리카 지역에서 열리는 축구 경기를 총괄하는 단체로 1957년 2월 8일 수단의 수도 카르툼에서 창설했다. 흔히 약어를 이용해 'CAF'라 쓰고 '캐프'라고 읽는다. 국제축구연맹(FIFA) 부회장이기도 한 이사 하야투(카메룬)가 1987년부터 회장을 역임하고 있다.

CAF의 모양새에 대해 가닥을 잡기 시작한 건 1954년 스위스 베른에서 열린 제29차 FIFA 총회에서다. 아프리카를 대표해 이집트, 수단, 에티오피아, 남아프리카공화국 네 나라가 처음으로 총회에 참석했고 격론 끝에 잉글랜드와 동구권의 지지로 아프리카도 하나의 지역 그룹으로 인정받게 됐다. 1957년 출범 당시 회원국은 총회에 참석했던 네 나라에 불과했지만 2011년 현재 54개로 늘어났다.

연맹이 처음으로 주관한 대회는 1957년 2월 10일 개막한 아프리카 컵 오브 네이션스(Africa Cup of Nations)로 남아프리카공화국이 빠진 가운데 세 나라간에 치러졌다. 이 대회는 이후 불규칙적으로 개최되다 1968년부터 2년마다 열렸으며 2013년부터는 2년 간격을 유지하되 홀수해로 바뀐다. 2007년에는 또 하나의 국가대항전인 아프리칸 네이션스 챔피언십(African Nations Championship)을 만들어 2009년 첫 대회를 열었다. 시드별로 추첨해 예선을 치르는 아프리카 컵 오브 네이션스와 달리 동부, 북부, 남부, 서부 A, 서부B, 중부 등 6개 지역으로 나눠 지역별 예선을 치른다. 클럽대항전으로는 CAF 챔피언스리그, CAF 컨페더레이션컵, CAF 수퍼컵 등이 있다.

오세아니아축구연맹 (OFC)

오세아니아 지역에서 열리는 축구 경기를 총괄하는 단체로 줄여서 OFC로 쓰며 뉴질랜드 오클랜드에 본부가 있다. 2011년 데이비드 청이 회장으로 취임했다. 6개 대륙별 축구연맹 가운데 가장 늦게 생겼고 11개 회원국으로 규모도 가장 작다.

게다가 2005년 오스트레일리아가 탈퇴해 아시아축구연맹(AFC)으로 옮겨감에 따라 뉴질랜드가 회원국 중 가장 큰 나라가 됐다. 나머지 10개 회원국은 아메리칸 사모아, 쿡 제도, 피지, 뉴칼레도니아, 파푸아뉴기니, 솔로몬 제도, 사모아, 타히티, 통가, 바누아투다. 1966년 11월 15일 국제축구연맹의 승인으로 OFC가 출범할 때 회원국은 오스트레일리아, 피지, 뉴질랜드, 파푸아뉴기니였으며 뉴칼레도니아는 프랑스령으로 자치권이 없어 임시회원으로 가입했다. 창립총회를 열고 회장과 사무총장을 선임한 건 그로부터 2년이 지난 1968년이었다.

주관하는 주요 대회로는 국가 대항전인 OFC 네이션스컵과 클럽 대항전인 OFC 챔피언스리그가 있다. 우승팀은 각각 FIFA가 주관하는 컨페더레이션스컵과 클럽 월드컵에 나갈 수 있다. 네이션스컵이 처음으로 열린 건 1973년이나 2년 주기의 정기전 성격을 갖게 된 건 1996년 제3회 대회부터이며 2004년부터는 4년마다 개최되고 있다. 지금껏 8회 열렸는데 오스트레일리아와 뉴질랜드가 우승을 4회씩 나눠 가졌다. O-리그로도 불리는 챔피언스리그는 오세아니아 클럽 챔피언십을 개편해 2007년부터 해마다 열리고 있다.

나. 대한축구협회 (KFA)

축구경기를 널리 보급하고 산하 가맹단체를 지도하며 우수한 지도자와 선수를 양성하여 한국축구의 발전에 기여함을 목적으로 한다.
1920년 조선체육회로 출발하여 1928년 5월 20일 조선아식축구심판협회를 창설하고 1933년 9월 19일 조선축구협회로 이름을 바꾸었다. 1945년 11월 26일 대한체육회, 1948년 5월 FIFA(Federation Internationale de Football Association:국제축구연맹)에 가입하였다. 1948년 9월 4일 현재의 명칭인 대한축구협회로 확정하고, 1948년 최초로 제14회 런던올림픽대회에 참가하였다. 1954년 5월 AFC(Asia Football Confederation: 아시아 축구연맹)에도 가입하고, 그해 아시아 대표로 월드컵 본선에 첫 출전하였다. 1983년에는 프로 리그가 출범하였다.
주요 활동은 ① 경기에 관한 기본방침 결정, ②경기에 관한 자문 및 건의, ③ 경기 지도 및 장려, ④ 경기규정 제정, ⑤ 대회 주관 및 승인, ⑥ 국제대회 개최 및 참가, ⑦ 지도자 및 선수 양성과 경기관리 지원, ⑧ 경기시설에 관한 각종 자료수집, ⑨ 경기에 관한 각종 자료수집 및 통계조사 등이다.

실무부서로는 지원부 · 국제부 · 경기부가 있고, 위원회에는 경기위원회 · 기술위원회 · 심판위원회 · 상벌위원회 · 여성위원사업위원회 · 유소년위원회 · 의무위원회 · 의전위원회 · 홍보위원회가 있다.

16개 지방협회가 있으며, 산하연맹체로는 한국프로연맹 · 한국실업연맹 · 한국대학연맹 · 한국중고연맹 · 한국초등학교연맹이 있고, 선수단에는 국가대표팀 · 올림픽팀 · 청소년팀(20세 이하) · 청소년팀(17세 이하) · 여자대표팀이 있다.

다. 잉글랜드축구협회 (The FA)

잉글랜드축구협회(The FA)는 베르윅 레인저스를 제외한 잉글랜드와 웨일스의 모든 프로 클럽을 관리하고 있다. 유럽 축구 연맹과 국제 축구 연맹의 회원이며 국제 축구 평의회의 의석을 영구하게 유지하고 있다. 다른 국가의 축구 협회들과는 달리 그 이름에 국가의 이름을 취하지 않는다.

잉글랜드의 모든 프로 축구 클럽이 협회의 회원이다. 협회는 잉글랜드의 남성과 여성 국가대표팀의 감독을 임명하고 FA 컵을 조직할 책임이 있다. 비록 국가의 최상위 리그인 프리미어리그를 직접 하루하루 운영하지는 않지만, 리그의 회장과 전무이사의 임명에 대한 거부권이 있고 리그의 규칙을 마음대로 바꿀 수도 있다. 풋볼 리그를 구성하는 챔피언십리그와 리그 원, 리그 투는 협회가 직접 관리한다.

경기는 FA에 가입된 43개 주 축구 협회이라 불리는 지역적인 협회들이 통제하는데, 지역의 협회는 그 지역의 축구 활동을 조직하고 운영할 책임도 있다. 저지 섬과 건지 섬, 맨 섬의 축구 협회는 카운티 풋볼 어소시에이션으로서 구성되어 있다. 리그들의 계층 구조는 경기 구석구석에 영향을 미치며, 각 협회들은 멤버십, 시설, 등록 등 그들의 활동에 대한 관리 책임을 가진다.

잉글랜드 축구협회에서 개최하는 대회로는 ①FA 컵, ②FA 트로피, ③FA 베이스, ④FA 위민스 컵, ⑤FA 위민스 프리미어 리그 컵, ⑥FA 유스 컵, ⑦FA 선데이 컵, ⑧FA 카운티 유스 컵, ⑨FA 커뮤니티 실드, ⑩FA 내셔널 리그 시스템 컵, ⑪FA 풋살 컵이 있다.

라. 스페인왕립축구협회 (RFEF)

스페인왕립축구협회(Real Federación Española de Fútbol, RFEF) 는 스페인의 축구 협회이다. 1909년 스페인 축구 클럽 협회(Federación Española de Clubs de Football)로 창립되고, 1913년에 현재의 축구 협회가 설립되었다. 본부는 마드리드 지방 마드리드의 라스 로사스 (Las Rozas) 구, 라 시우다드 데 풋볼 (La Ciudad del Futbol) 에 위치한다.

이 기관은 스페인의 국내 리그 (라 리가, 세군다 디비시온, 세군다 디비시온 B)를 관리한다. 또한 테르세라 디비시온도 이 축구 협회에 의해 관리되고 있다.

이 단체는 스페인 축구 국가대표팀 (남성팀, 여성팀, 청소년팀) 을 관리하는데 책임을 진다. 스페인 풋살 국가대표팀도 이 협회의 산하에 있다.

2 세계의 축구대회

가. 국가 대항전

월드컵

FIFA 월드컵(영어: FIFA World Cup)은 축구 국제 기구인 국제 축구 연맹(FIFA)에 가맹한 축구 협회(연맹)의 남자 축구 국가대표팀이 참가하는 국제 축구 대회이다. 일반적으로 월드컵 축구나 월드컵이라고도 한다.

4년마다 열리는 월드컵은 1930년에 첫 대회가 열렸다. 1942년과 1946년 대회는 제2차 세계 대전 때문에 열리지 못했다. 대회는 예선 무대와 본선 무대 등 두 부분으로 나뉜다. 예선 무대는 본선에 진출할 32팀을 가려내기 위해 본선 보다 3년 일찍 시작한다. 현재 본선은 개최국 경기장에서 한 달 남짓 서른두 개 팀이 우승을 놓고 경쟁하는 방식으로 진행된다. 월드컵 본선은 세계에서 가장 많은 사람이 시청하는 스포츠 행사이다. 어림잡아 7억 1,510만 명이 2006년 FIFA 월드컵 결승전을 시청했다고 한다.

총 20번 대회가 열리는 동안 8팀이 우승을 차지했다. 가장 우승 횟수가 많은 팀은 브라질로 총 다섯 번의 우승컵을 들어올렸다.

2014년 FIFA 월드컵은 2014년 6월 12일부터 7월 13일까지 브라질에서 열렸고, 독일이 우승했다. 그리고 2018년 FIFA 월드컵은 러시아에서 개최되며, 2022년은 카타르에서 개최된다.

AFC 아시안컵

AFC(Asian Football Confederation: 아시아축구연맹)가 주관하는 축구대회로, 1956년 창설하였으며 4년마다 개최된다. 1956년 홍콩에서 열린 제1회 대회에는 12개 회원국 가운데 7개국만 참가하였으나 현재는 회원국이 늘어 52개 회원국 가운데 32~44개국 이상이 참여한다. 1956년부터 2004년까지는 매 4년마다 1회씩 정기적으로 대회를 개최하였으나, 같은 해에 열리는 하계올림픽, 유럽축구선수권대회 등과의 일정을 고려하여 2007년부터는 한 해 앞당겨 대회를 개최한다.

처음에는 참가국이 모두 한 자리에 모여 리그전으로 경기를 치렀으나, 회원국을 10개 조로 나누어 60여 회의 예선전을 치른 뒤 본선에 진출할 16개국을 가리는 것으로 변경되었다. 2019년 대회부터는 본선진출국을 24개국으로 확대하기로 하였다. 본선에서는 4팀씩 6개조로 나눠 리그전을 치르며, 각 조 1, 2위와 각 조 3위 중 상위 4팀이 16강에 진출한다. 16강부터 결승전까지는 토너먼트로 치른다.

한국은 지금까지 우승 2회(1956, 1960년), 준우승 4회(1972, 1980, 1988, 2015년), 3위 4회(1964, 2000, 2007, 2011년)를 차지하였다.

FIFA 컨페더레이션스컵

6개 대륙별 챔피언과 월드컵 우승국, 차기 월드컵 개최국 등 8개국 대표팀이 경쟁해 우승국을 가리는 미니 월드컵으로, 대륙간컵이라고도 한다.

유럽, 아시아, 오세아니아, 북중미, 남미, 아프리카 등 국제축구연맹(FIFA) 산하 6개 대륙 축구연맹 챔피언끼리 맞붙는 왕중왕전으로, 월드컵 우승국, 차기 월드컵 개최국 등이 모여 경기를 펼친다. 본래 2년 주기로 개최되다가 2005년 이후부터 4년마다 대회를 치르고 있다.

정식 국제대회로 승격된 것은 사우디아라비아가 1992년 창설한 '킹 파드컵 인터컨티넨털' 때부터로, 당시 사우디축구협회는 아르헨티나와 미국, 코트디부아르를 초청해 대회를 개최한 바 있다. 1995년부터는 출전국이 6개국으로 늘고 유럽 대표팀도 포함되면서 대회의 성격이 대륙 간 경쟁으로 격상됐으며, 1997년부터 국제축구연맹이 대회를 직접 주관하며 '컨페더레이션스컵'이라는 현재의 명칭을 사용하기 시작했다. 참가국 또한 현재와 같은 8팀으로 확대됐다.

2013년 대회는 2013년 6월 15일부터 30일까지 브라질의 브라질리아, 벨로 오리존테, 포르탈레자, 헤시페, 리우데자네이루, 살바도르 등 6개 도시에서 개최되었다. 우승은 개최국인 브라질이 차지하였다. 이 대회에는 개최국 브라질과 2010 남아공월드컵 챔피언인 스페인을 비롯해 우루과이(남미 코파아메리카 우승), 멕시코(중남미 골드컵 우승), 이탈리아(유로2012 준우승, 스페인의 우승으로 차순위 이탈리아 진출), 타히티(오세아니아 챔피언), 일본(아시안컵 우승), 그리고 2013년 1~2월에 열린 아프리카 네이션스컵 우승국(나이지리아)까지 총 8팀이 참가하였다.

UEFA 유럽 축구 선수권 대회

UEFA 유럽 축구 선수권 대회는 유럽축구연맹(UEFA)의 주관으로 개최되는 축구 대회로 유럽에서 규모가 가장 큰 국가대항 성인 남자 축구 대회이다. 흔히 유로 ○○○○(개최 연도)이라 불리며, FIFA 월드컵과 2년 간격으로 4년마다 열리는 대회이다.

원래 이름은 UEFA 유러피언 네이션스컵(UEFA European Nations Cup)이었으나, 1968년에 현재의 이름으로 바뀌었다. 비록 유럽 지역 대회이나, 사실상 유럽에 축구 강국이 모여있는 점을 감안하면 "브라질과 아르헨티나만 빠진 미니 월드컵"이라 불릴 정도로 월드컵 다음으로 영향력이 큰 국가별 대항 축구대회이기도 하다.

1960년 대회부터 1976년 대회까지는 단 4개 팀만이 본선에 진출할 자격을 얻었다. 1980년 대회부터 1992년 대회까지는 8개 팀이 경쟁하게 되었고 1996년 대회부터는 2012년 대회까지는 16개 팀이 참가했다. 2016년 대회부터 24개 팀으로 확대되어 오늘에 이른다.

1976년 대회까지는 별도의 주최국이 정해지지 않고 연속된 예선 경기로 경쟁하는 팀들이 선택되었다. 1960년 대회와 1964년 대회는 홈 앤 어웨이 플레이오프 방식으로 1968년 대회부터는 그룹 예선과 플레이오프를 모두 치러 가려졌다. 개최국은 예선을 통과한 마지막 4개국 중에서 선정되었다.

1980년 대회부터는 본선 진출국이 늘어났기 때문에 개최국(단일 개최국 또는 공동 개최국)은 대회 개최 이전에 선정되고 자동으로 본선에 진출한다. 한편 디펜딩 챔피언에게는 다음 대회 본선에 자동 출전 기회가 부여되지 않는다.

코파 아메리카

코파아메리카는 '남미월드컵'이라고도 불리는 남미축구선수권대회로, 1930년 창설된 월드컵보다도 역사가 깊어 가장 오랜 역사를 가진 축구대회다. 19세기 말부터 브라질 · 아르헨티나 · 우루과이 등지에서 영국 이민자들이 주축이 돼 클럽축구의 기반을 다져온 남미축구선수권대회(South American Championship)는 남미축구연맹(CONMEBOL)이 창립되던 해인 1916년 아르헨티나에서 원년대회를 개최했다. 세계 축구의 최강국인 브라질과 아르헨티나, 우루과이 등이 몰려 있어 축구 팬들의 이목을 집중시킨다.

1967년까지 부정기적으로 열리다가, 8년 후인 1975년 대회가 재개되면서 코파아메리카(Copa America)라는 명칭을 얻어 1987년까지 4년 간격으로 개최됐다. 1989년부터 2년마다 개최되다가, 2001년 대회는 개최국 콜롬비아의 불안한 치안 때문에 연기될 위기가 있었지만 7월 12일 개막됐으며, 당초 참가할 예정이었던 12개 팀 가운데 캐나다와 아르헨티나가 불참해 반쪽 대회로 전락했다. 그리고 2003년 개최 예정이었던 제41회 대회는 개최국 내정문제 등으로 1년 연기돼 2004년 페루에서 열렸다. 이후 2007년 대회를 기점으로 다시 4년마다 대회가 개최되고 있다.

2016년 대회는 코파아메리카 창설 100주년을 맞아 2015년에 이어 2년 연속 개최됐다. 100주년 기념대회는 북중미카리브축구연맹(CONCACAF)과 연합해 미국 · 멕시코 · 코스타리카 · 자메이카 등을 포함한 총 16개 국가가 참가했다. 또 사상 최초로 미국에서 개최되며 대회 평균 관중이 4만 6119명에 이르는 등 높은 흥행 성적을 기록했다. 차기 대회는 2019년 브라질에서 열린다.

CONCACAF 골드컵

CONCACAF 골드컵(CONCACAF Gold Cup)은 1963년부터 열린 북중미 축구 선수권 대회를 계승하여 1991년부터 사용한 대회 명칭이다. 홀수 해마다 열린다.

우승국의 경우 FIFA 컨페더레이션스컵에 참가하는데 이 대회는 2년 주기마다 열기 때문에 컨페더레이션스컵 직전에 개최된 골드컵 우승국과 그 이전 골드컵 우승국이 홈/어웨이 플레이오프를 벌여 우승한 국가가 북미 대표로 FIFA 컨페더레이션스컵에 참가한다. 만약 두 대회에서 우승을 차지한 국가가 같을 경우 플레이오프 없이 그대로 출전한다.

이전부터 열리고 있던 중미 · 카리브해 축구 선수권 대회와 북미 축구 선수권 대회를 합쳐서 1963년에 제1회 북중미 축구 선수권 대회를 개최하였다. 이 대회는 1971년까지 열렸으며, 그 후 1989년까지 대회가 월드컵 예선과 겹쳐서 열렸다. 1991년부터 CONCACAF 골드컵이라는 이름으로 바꾸고, 이 후 홀수 해마다 대회를 개최하고 있다. 다만 13회부터 16회까지는 1년씩 늦춰서 짝수 해에 개최되었다.

1963년 CONCACAF 선수권 대회부터 2013년 CONCACAF 골드컵까지 22번의 골드컵에서 각 국가가 기록한 성적을 순위별로 나열한 통계표다. 총 20개의 CONCACAF 소속 국가가 본선에 진출했으며, 남미에서 네 팀, 아시아와 아프리카에서 한 팀씩 초청을 받아 대회에 참가했다.

순위를 결정하는 기준은 다음과 같다.

① 승점이 많을수록 상위권에 랭크
② 승점이 같으면 진출횟수 〉 최고성적 〉 골득실 〉 다득점 〉 승자승 순으로 랭크
③ 2017년 대회(2016. 06.기준)와 같이 아직 열리지 않은 대회는 순위에서 제외
④ 최고 순위 횟수는 승점이 같지 않으면 순위에 반영되지 않음

아프리카 네이션스컵

아프리카 네이션스컵(Africa Cup of Nations)은 홀수 해마다 열리는 아프리카 국가 간의 축구 대항전이다. 1957년에 첫 대회가 열렸으며 아프리카 축구 연맹(CAF)이 대회를 주관한다. 이 대회의 우승 팀은 FIFA 컨페더레이션스컵에 참가한다.

1957년 수단에서 첫 대회가 열렸다. 에티오피아, 이집트, 남아프리카 공화국, 수단 4개국이 첫 대회에 참가했지만 남아프리카 공화국은 당시의 아파르트헤이트 정책으로 인해 참가 자격을 박탈당했고 3개국만이 대회에 참가했다.

1950년대 후반부터 아프리카에 있던 식민지들이 줄줄이 독립하면서 CAF 회원국 또한 증가했다. 이에 따라 1962년 에티오피아 대회부터 예선이 신설되었다. 1968년 에티오피아 대회부터 1990년 알제리 대회까지는 8개국이 대회에 참가했지만 1992년 세네갈 대회와 1994년 튀니지 대회에서는 12개국이 참가했다. 1996년 남아프리카 공화국 대회부터 참가국이 16개국으로 확대되어 오늘에 이른다.

1968년 이후부터 짝수 해마다 열리다가 일부 인사들은 개최 주기를 홀수 해마다로 바꾸자는 주장을 하기도 하였다. 이에 따라 2013년 남아프리카 공화국 대회부터 홀수 해마다 열리고 있다.

1957년 아프리카 네이션스컵부터 2015년 아프리카 네이션스컵까지 30번의 대회에서 각 국가가 기록한 성적을 순위별로 나열한 통계표다. 총 38개국이 아프리카 네이션스컵 본선에 진출했으며, 이집트는 1959년부터 1970년까지 시리아와 함께 아랍 연합 공화국으로 출전했고, 콩고 민주 공화국은 1972년부터 1996년까지 자이르란 이름으로, 부르키나파소도 첫 대회를 오트볼타로 출전했다. 남아프리카 공화국은 첫 대회에 참가신청을 했으나 아파르트 헤이트정책으로 실격되고, 이후 1992년 대회까지 출전을 금지당했다. 독립 시기가 늦고 내전이 잦은 아프리카 대륙의 특성상 본선 진출한 국가들이 기권한 경우도 많다.

순위를 결정하는 기준은 다음과 같다.

1. 승점이 많을수록 상위권에 랭크
2. 승점이 같으면 진출횟수 〉 최고성적 〉 골득실 〉 다득점 〉 승자승 순으로 랭크
3. 2017년 대회(2016. 06.기준)와 같이 아직 열리지 않은 대회는 순위에서 제외
4. 최고 성적은 승점이 같지 않으면 성적에 반영되지 않음

나. 클럽 대항전

AFC 챔피언스리그

AFC 챔피언스리그(AFC Champions League)는 아시아 상위 14개 리그의 우승 클럽과 컵 대회 우승 클럽이 참가하는 클럽간 축구 대회이다. 아시아 축구 연맹(AFC)이 주관한다.

1967년 아시안 챔피언 클럽 토너먼트라는 명칭으로 처음 개최되었다. 1972년 이후부터 1984년까지 중단되었다가 1985년 아시안 클럽 챔피언십(아시안 클럽 선수권대회)으로 부활하였다. 아시안 클럽 챔피언십은 각국 국내 리그 우승 클럽이 참가하였다. 각국 FA컵 우승 클럽은 1990년부터 아시안 컵 위너스컵에 참가하였으며 두 대회의 우승 클럽은 1995년부터 아시안 슈퍼컵에서 대결하였다.

2002-03 시즌부터 아시안 클럽 챔피언십과 아시안 컵 위너스컵 대회가 AFC 챔피언스리그로 통합되었다. 통합 이후 첫 우승은 아랍에미리트의 알 아인이 차지하였고 2004년과 2005년에는 사우디아라비아의 알 이티하드가 우승을 차지하였다.

한편 과거 이스라엘이 대회에서 추방된 반면 FIFA가 오스트레일리아를 아시아 축구 연맹에 편입시키는 것을 2005년 승인함으로써 2007년 대회부터는 오스트레일리아의 A-리그의 클럽들이 AFC 챔피언스리그에 참여하기 시작하였다.

AFC 챔피언스리그 2009부터는 UEFA 챔피언스리그를 본따 32개팀이 8개 조로 나뉘어 조별 예선을 치르고 조 2위까지 16강전에 진출하게 되었으며 결승전을 중립 지역에서 단판으로 치르고 상금액이 크게 증액되는 등 제도적인 부분에서 발전이 이루어졌다.

대한민국은 2009년부터 2013년까지 5년 연속 결승 진출팀을 배출했으며 다섯 팀 모두 페어플레이 상을 수상하는 기록을 세웠다.

UEFA 챔피언스리그

유럽축구연맹(UEFA)이 주관하는 클럽축구 대회로서 1955년 프랑스의 스포츠 일간신문 《레퀴프 L'Equipe》의 편집자 가브리엘 아노(Gabriel Hanot)의 제안에 따라 유럽 각국의 리그 우승팀들이 참가하는 대회로 창설되었다. 1955년 포르투갈의 리스본에서 '유러피언 챔피언스 클럽컵(European Champions Clubs' Cup)'이라는 명칭으로 첫 대회가 열린 뒤 '유러피언컵'으로 약칭되면서 1960년에 창설된 'UEFA컵 위너스컵' 대회, 1971년에 창설된 'UEFA컵' 대회와 더불어 유럽의 대표적 축구대회가 되었다.

창설 이래 1991–1992시즌까지는 각국 리그의 우승팀과 이전 대회의 우승팀이 참가하여 홈경기와 원정경기를 치른 뒤 전체 점수가 높은 팀이 다음 라운드에 진출하는 홈 앤드 어웨이 녁아웃 방식으로 경기를 치렀으며, 1991–1992시즌에 조별 리그를 처음으로 도입하여 1~2라운드의 토너먼트를 통과한 8개 팀이 2개 조로 나뉘어 리그전을 펼친 뒤 각 조의 1위 팀이 결승전을 치렀다. 1992–1993시즌부터 지금의 명칭으로 바꾸고, 유럽축구연맹의 점수에 따라 성적이 좋은 각국 리그의 2위 팀들도 참가할 수 있게 되었다.

2009–2010시즌 현재 이 대회의 참가팀 수는 유럽축구연맹의 점수에 따라 각국의 축구협회별로 배정되어 1~3위의 협회는 4개 팀, 4~6위의 협회는 3개 팀, 7~15위의 협회는 2개 팀, 16위 이하의 협회는 1개 팀이 참가할 수 있다. 이에 따라 스페인 · 잉글랜드 · 이탈리아는 각각 4개 팀, 프랑스 · 독일 · 러시아는 각각 3개 팀, 그리스 · 네덜란드 · 루마니아 · 벨기에 · 스코틀랜드 · 우크라이나 · 체코 · 터키 · 포르투갈은 각각 2개 팀이 참가할 수 있고, 그 밖에 자국 리그가 없는 리히텐슈타인을 제외한 16~53위의 37개 협회에서 각각 1개 팀이 참가하여 총 76개 팀이 경기를 치른다.

2011년에는 독일의 분데스리가가 이탈리아의 세리에A를 누르고 3위로 등극하였다. 이로써 배정이 이미 끝난 2011–2012시즌을 제외하고 2012–2013시즌부터는 잉글랜드 · 스페인 · 독일이 4개팀을, 프랑스 · 이탈리아 · 러시아는 3개팀을 출전시킬 수 있게 되었다.

UEFA 유로파리그

UEFA(유럽축구연맹) 가맹국의 프로축구리그에서 6위까지 차지한 상위팀들이 참가하는 축구대회로, 1955년 창설하였다. 유럽 챔피언스리그, 유럽 컵위너스컵과 함께 유럽 3대축구대회였으나 컵위너스컵이 1999년 폐지되면서 2001년부터 UEFA컵으로 통합되었다. 2009–2010시즌부터 대회의 명칭을 UEFA컵에서 UEFA 유로파 리그로 변경하였다.

본선 1 · 2회전은 매년 9~11월, 본선 3회전은 11~12월, 준준결승은 다음해 3월, 준결승은 4월, 결승은 5월에 치르며, 결승전은 중립지역 구장에서 1회 단판경기로 이루어진다.

본선에는 44개의 자동출전팀과 함께, UEFA 순위 8~16위 국가 20개팀, UEFA 순위 17~49위 국가 40개팀 가운데 예비전을 통해 선발된 20개팀 등 총 64개팀이 올라온다. 경기방식은 홈구장과 상대팀의 구장에서 경기를 갖는 홈앤드어웨이의 녹다운 토너먼트방식으로 벌어진다. 본선 자동진출팀은 UEFA 순위 1~7위 국가의 25개팀, 유럽 챔피언스리그 예선에서 탈락한 16개팀, 기타 3팀이다.

챔피언스리그와 마찬가지로 각국 프로축구리그 상위팀들이 참가하지만, 결승까지 홈앤드어웨이의 2차전 토너먼트전으로 경기를 치러 두 경기 직후에 다음 회전 진출 여부가 결정된다. 각국 프로축구리그 2 · 3위 팀과 피파컨페더레이션컵 우승팀, UEFA가 선정한 우수팀 등이 골고루 출전하여 대회 규모가 챔피언스리그 못지 않게 크다.

코파 델 레이

코파 델 레이(스페인어: Copa del Rey)는 해마다 열리는 스페인 축구 클럽간의 대항전이다.
1902–03 시즌에 처음 개최되었는데, 국왕 알폰소 13세의 대관식을 축하하기 위해 이를 개최하였다. 첫 우승 팀은 아틀레틱 빌바오이다.

대회의 정식 이름은 여러번 바뀌었는데, 1905년부터 1932년까지 대회의 정식 명칭은 코파 데 수 마헤스타드 엘 레이 알폰소 XIII (스페인어: Copa de Su Majestad El Rey Alfonso XIII)였고, 스페인 제2공화국 성립 후에는 코파 델 프레시덴테 데 라 레푸블리카(스페인어: Copa del Presidente de la Repúlica)로 바뀌었다. 프란시스코 프랑코가 제2공화국을 무너뜨린 후에는 코파 데 수 엑셀렌시아 엘 헤네랄리시모(스페인어: Copa de Su Excelencia El Generalíimo)로 바뀌었다가 1976년 현재의 이름인 코파 델 레이로 바뀌었다.

최근 우승팀은 15–16시즌 FC 바르셀로나이며, 최다우승팀은 28회 우승으로 FC 바르셀로나이다.

코파 이탈리아

코파 이탈리아(Coppa Italia, 이탈리아 컵, 스폰서십으로 인해 정식적으로 TIM 컵으로 알려져있다.)는 이탈리아 축구 컵 대회이다. 1922년부터 시작된 대회이다. 유벤투스 FC가 11번 우승하여 최다 우승 팀으로 기록되어 있다. 최다 결승전 진출은 AS로마가 기록한 17회이다. 우승 팀은 "트리콜로네" 라는 코카르다(Coccaeda, 모표(帽標)를 유니폼에 붙일 수 있다. 10회 우승시 은별이 주어지는데, 이건 리그 우승을 10번 할 경우 금별을 주는 것과 비슷하다. 유벤투스가 10회 우승을 달성하였지만 은별을 달고 나오지 않는다. 2015–16 시즌 대회 우승 팀은 유벤투스 FC이다.

코파 이탈리아는 미리 추첨으로 계획된 매 라운드 일정에 맞추어 시행되는 토너먼트이다. 준결승전을 제외한 모든 경기들은 단판 경기로 치러진다. 만약 경기가 무승부로 끝나게 되면 연장전을 치루게 되고, 연장전에서도 무승부로 끝나면 승부차기로 승부를 겨룬다. 우승 팀은 다음시즌 유로파리그(이전의 UEFA 컵)의 진출권이 주어진다. 만약 우승 팀이 이미 세리에 A를 통해 UEFA 챔피언스리그에 진출한 자격을 가지고 있다면 이 유로파리그 진출권은 코파 이탈리아 준우승 팀에게 주어진다. 만약 두 팀 모두 UEFA 챔피언스리그 진출권을 가지고 있거나 어떠한 이유로 인해 유럽 클럽대항전에 참가할 수 없는 경우에는 리그 순위에서 그 다음으로 높은 순위를 기록한 팀이 진출권을 갖게 된다.
홈 앤드 어웨이 방식으로 두 경기로 하던 결승전은 2007–08시즌 이후 폐지되었으며 단판 승부로 바꾸었다. 결승전은 로마의 올림피코 경기장에서 치러진다.

3 세계의 리그

가. 아시아 리그

K리그 (대한민국)

한국프로축구연맹이 주관하는 프로축구 리그이다. 1983년 대한축구협회 수퍼리그 위원회가 창설되면서 2개 프로팀과 3개 실업팀의 세미프로 형식으로 '수퍼리그'라는 이름으로 시작하였다. 2013년 승강제가 도입됨에 따라 1부 리그인 K리그 클래식(K League Classic)과 2부 리그인 K리그 챌린지(K League Challenge)로 나누어지게 되었다. 2015년 기준 K리그 클래식에는 12개 팀이, K리그 챌린지에는 11개 팀이 있다.

각 구단별로 최소 약 30명에서 최대 약 45명의 선수를 보유하고 있으며, 3명씩의 외국인 선수를 보유하고 있다. 2009년부터는 아시안 쿼터제 실시로 아시아 국가 출신의 선수 1명은 국내 선수로 간주해, 최대 네 명의 외국인 선수를 동시에 경기에 투입할 수 있게 됐다. 외국인 선수는 한경기에 한 팀에서 3명씩 출전할 수 있으며, 군복무중인 상무 소속 선수들로 구성된 상주 상무 팀은 외국인 선수를 보유하지 않는다.

2013년부터 승강제가 도입되면서 경기 방식이 바뀌었다. K리그 클래식은 12개 팀이 팀당 38경기씩 총 228 경기를 치러 우승팀과 강등팀을 가린다. 12개 팀이 '홈 앤드 어웨이' 방식으로 정규 라운드인 팀당 33경기씩을 우선 치러 1~6위는 상위 조로, 7~12위는 하위 조로 나뉘어 추가 5 경기씩 더 치른다. 추가 경기까지 끝나면 상위 조 1위가 우승을 차지한다. 또한 상위 조에서는 3위까지 아시아 최고 클럽을 가리는 AFC 챔피언스리그에도 참가할 수 있는 자격이 주어진다.

K리그 클래식에서 12위를 차지한 팀은 K리그 챌린지로 자동 강등되며, K리그 챌린지 1위팀은 K리그 클래식으로 자동 승격된다. K리그 클래식 11위 팀은 2부 리그인 K리그 챌린지 2위팀과 승강 플레이오프를 치른다. 승리한 팀은 K리그 클래식으로, 패배한 팀은 K리그 챌린지로 확정된다. 경우에 따라서는 최대 2개 팀까지 2부로 강등될 수 있다.

K리그 클래식 12개 구단 (2016 시즌 순위 순)	
FC 서울	수원 삼성 블루윙즈
전북 현대 모터스	광주 FC
제주 유나이티드 FC	포항 스틸러스
울산 현대 축구단	인천 유나이티드
전남 드래곤즈	성남 FC
상주 상무 프로축구단	수원 FC

K리그 챌린지 11개 구단 (2016 시즌 순위 순)	
안산 무궁화 프로축구단	대전 시티즌
대구 FC	경남 FC
강원 FC	FC 안양
부천 FC 1995	충주 험멜 축구단
부산 아이파크	고양 자이크로 FC
서울 이랜드 FC	

J리그 (일본)

2부로 이루어진 일본의 프로축구 리그로, 정식명칭은 일본프로축구리그(Japan Professional Football League)이다. 일본 최초의 프로리그로서 1부리그(J1) 18개 클럽, 2부리그(J2) 18개 클럽으로 이루어졌으며, 재단법인 일본축구협회와 사단법인 일본프로축구리그가 공동으로 주최한다.

1965년 시작된 아마추어축구리그 JFL(Japanese Football League : 일본축구리그)이 모체이며, 1991년 프로리그 설립을 발표하였다. 조직과 운영방식 등에서 유럽 주요 리그의 형태를 모방하였으며, 철저한 준비 과정을 거쳐 1993년 10개 클럽으로 창설하였다. 1998년 소속 클럽이 18개로 늘어났고, 1999년 JFL 소속팀 가운데 프로 전환을 원하는 팀과 기존의 J리그 클럽 가운데 일부를 합쳐 1, 2부로 이루어진 현재의 모습으로 자리 잡았다.

1부리그는 18개 소속 클럽이 홈앤드어웨이 방식으로 2경기씩 34라운드를 치르며, 정규 경기에서 승리하면 3점, 연장전에서 이기면 2점, 비기면 1점, 지면 0점을 주어 총점이 가장 높은 클럽이 우승하게 된다. 경기방식은 전 · 후기 리그제로 나누어 운영되다가 2005년부터 다시 단일리그로 복귀(1996년 한 차례 단일리그 실시)하였으며, 매주 토요일에 경기가 열린다.

2부리그는 22개 소속 클럽이 2경기씩 42라운드를 치르며, 3월부터 11월까지 주로 토요일 · 일요일에 경기를 치른다. 정규 시즌이 끝난 후 1부리그의 하위 3개 클럽과 2부리그의 상위 3개 클럽이 서로 자리를 바꾸게 된다.

J리그 18개 구단 (2016 시즌 순위 순)	
우라와 레드 다이아몬즈	산프레체 히로시마
비셀 고베	가시마 앤틀러스
가와사키 프론탈레	베갈타 센다이
감바 오사카	반포레 고후

J리그 18개 구단 (2016 시즌 순위 순)	
가시와 레이솔	주빌로 이와타
오미야 아르디자	나고야 그램퍼스
요코하마 F. 마리노스	알비렉스 니가타
사간 도스	쇼난 벨마레
FC 도쿄	아비스파 후쿠오카

중국 슈퍼리그 (중국)

중국 프로축구 1부 리그로 중국축구협회(Chinese Football Association)가 주관한다. 1994년 출범해 1983년의 한국 K리그(K-League)와 1993년의 일본 J리그(J League)에 비해 출발이 늦다. 중국 축구는 1980년대 세미프로리그로 운영됐다. 중국축구협회는 J리그 출범에 자극을 받아 1992년 프로축구리그 창설을 발표했다. 세미프로 축구클럽의 프로화를 추진하면서 재정 안정, 유소년 시스템 확충 등 체계적인 조건을 내걸었다.

1994년 유럽 프로축구리그 시스템을 바탕으로 12개 팀으로 출범했다. 1부 리그는 갑A 리그로, 2부 리그는 갑B 리그로 불렸으며 승강 제도를 마련했다. 1994년 다롄 완다 FC(현 다롄 스더 FC, 大連實德)가 14승 5무 3패를 기록해 원년 우승을 차지했다. 이후 양적 팽창을 시도해 1부 리그 팀 수를 1998년 14개, 2002년 15개까지 늘렸으나 클럽의 재정 악화에 따른 파산, 승부 조작 등 문제가 끊이지 않았고 리그 수준이 떨어지자 관중이 줄면서 위기에 몰렸다.

2004년 개편을 했다. 1부 리그를 12개 팀으로 줄이고 갑A 리그에서 슈퍼리그(Super League)로 이름을 바꿨으며, 2부 리그도 갑B 리그에서 갑 리그(China League One)로 변경했다. 선전 젠리바오(현 선전 루비 FC, 深圳红钻)가 11승 9무 2패로 슈퍼리그 초대 우승팀이 됐다. 개편 이후 2년 동안 강등 없이 매년 2개

팀을 갑 리그에서 승격해 16개 팀으로 운영한다는 계획을 짰으나 상하이 유나이티드(上海联城) 등 몇몇 팀들이 재정 문제로 파산하면서 2008년이 되어서야 16개 팀으로 1부 리그를 운영했다.

보통 3월에 개막해 11월 폐막한다. 홈 앤 어웨이 방식으로 풀리그를 벌이며 승리 3점, 무승부 1점, 패배 0점을 부여해 승점이 가장 높은 팀이 우승한다. 챔피언 결정전, 플레이오프 없이 정규시즌만 있다. 하위 2개 팀은 2부 리그로 내려가며 갑 리그 상위 2개 팀이 1부 리그로 올라온다. 컵대회로는 FA컵 대회가 있다. 슈퍼리그 1~3위 팀과 FA컵 우승팀은 아시아축구연맹(AFC)이 주관하는 클럽 대항전인 AFC 챔피언스리그(AFC Champions League)에 출전할 수 있다.

중국 슈퍼리그 16개 구단 (2016년 시즌 순위 순)	
광저우 에버그란데 FC	연변 푸더
장쑤 쑤닝	랴오닝 훙원
상하이 상강	톈진 테다
상하이 선화	창춘 야타이
베이징 궈안	허난 젠예
광저우 푸리	산둥 루넝
허베이 종지	항저우 그린타운
충칭 리판	스자좡 융창

나. 유럽의 리그

프리미어리그 (Premier League)

4부로 구성된 잉글랜드의 프로축구 리그 가운데 1부리그를 가리킨다.

잉글랜드의 프리미어리그는 20개 소속 클럽이 홈앤드어웨이 방식으로 클럽당 38경기를 치르며, 승리하면 3점, 비기면 1점, 지면 0점을 주어 총점이 가장 높은 클럽이 우승하게 된다. 보통 8월에 시작해서 다음해 5월까지 열린다.

정규 시즌이 끝난 후 1부리그 하위 3개 클럽이 2부리그로 떨어지고 2부리그의 상위 2개 클럽이 1부리그로 오른다. 2부리그의 3 · 4 · 5 · 6위 4개 클럽은 플레이오프를 거쳐 승리한 클럽이 1부리그에 오르게 된다.

1888년 애스턴 빌라 FC 등 12개 클럽이 시작한 잉글랜드 프로축구리그(The Football League)가 모체이다. 당시 12개 창설 멤버는 랭커셔 지역클럽 6개, 미들랜즈 지역클럽 6개로 대부분 지금까지 활약하고 있다. 이후 소속 클럽 수는 1891년 14개, 1892년 16개, 1898년 18개, 1905년 20개, 1919년 22개로 늘어났다.

제1차 세계대전으로 인해 1914~1915년 시즌부터 열리지 못하다가 1919년에 재개하였으며, 1939~1940년 시즌에도 제2차 세계대전으로 열리지 못하다가 1946년 8월 재개하였다.

소속 클럽 수가 증가하면서 축구 수준이 저하되고, 1982년 스페인 월드컵축구대회 이후 세계적인 축구 스타들이 거액을 지불하는 이탈리아나 스페인으로 이동하면서 축구 종주국의 자리를 위협받게 되자 여러 가지 변혁을 시도하였다.

원래 승점제는 이기면 2점, 지면 0점, 비기면 1점을 부여하였으나, 1981~1982년 시즌에 현재의 3-1-0 승점제를 채택하여 공격 축구를 유도하였다. 1986~1987년 시즌에는 소속 클럽 수를 20개로 줄였으며, 1992년 수익성을 높이기 위하여 1부리그로서 프리미어리그를 구성하였다.

잉글랜드의 축구 리그는 크게 프로리그 · 세미프로리그 · 아마추어리그로 나뉘며, 프로 리그는 1부 20개 클럽과 2~4부 각각 24개 클럽씩 총 92개 클럽으로 이루어져 있다.

한편, 영국의 프로축구는 잉글랜드 리그, 스코틀랜드 리그, 웨일즈 리그, 북아일랜드 리그로 나뉘며 4개 리그 모두 프리미어리그라는 명칭을 사용한다.

프리미어리그 20개 구단 (16.12.1 순위 기준)	
첼시 FC	스토크 시티 FC
리버풀 FC	AFC 본머스
맨체스터 시티 FC	번리 FC
아스널 FC	레스터 시티 FC
토트넘 핫스퍼FC	미들즈브러 FC
맨체스터 유나이티드 FC	웨스트햄 유나이티드 FC
에버턴 FC	크리스탈 팰리스 FC
왓포드 FC	헐 시티 AFC
웨스트 브로미치 앨비언 FC	스완지 시티 AFC
사우샘프턴 FC	선덜랜드 AFC

프리메라리가 (Primera División de España)

4부로 구성된 에스파냐 프로축구 리그 가운데 1부리그를 가리키며, 정식 명칭은 프리메라디비전(Primera Division)이다.

20개 소속 클럽이 홈앤드어웨이 방식으로 클럽당 38경기를 치르며, 승리하면 3점, 비기면 1점, 지면 0점을 주어 총점이 가장 높은 클럽이 우승하게 된다. 승점이 같은 경우에는 해당 팀간의 상대전적으로 순위를 결정하고, 상대전적이 같을 때는 골득실 차이로, 골득실도 같을 때는 다득점을 따져 순위를 결정한다. 정규 시즌을 마친 뒤 하위 3개 클럽은 2부리그로 강등되고, 2부리그의 상위 3개 클럽이 자동으로 1부리그로 승격한다.

1928년 10개 클럽으로 창설된 이후, 1933년 12개 클럽, 1941년 14개 클럽, 1950년 16개 클럽, 1971년 18개 클럽, 1987년 20개 클럽, 1995년 22개 클럽으로 늘어났다가 1997년 20개 클럽으로 축소하여 지금에 이른다.

에스파냐 프로축구 리그는 크게 1부리그인 프리메라리가, 2부리그인 세군다디비전 A(Segunda Division A), 3부리그인 세군다디비전 B(Segunda Division B), 4부리그인 테르세라디비전(Tercera Division)으로 구성되어 있다.

1부리그에 20개 클럽, 2부리그에 22개 클럽, 지역리그로서 4개 그룹으로 나누어진 3부리그에 80개 클럽, 17개 지역리그로 구성된 4부리그에 340개 클럽이 소속되어 있으며, 총 등록 클럽 수가 세계에서 가장 많다.

프리메라리가 20개 구단 (16.12.1 순위 기준)	
레알 마드리드	말라가 CF
FC 바르셀로나	RCD 에스파뇰
세비야 FC	데포르티보 알라베스
아틀레티코 마드리드	레알 베티스
레알 소시에다드	CD 레가네스
비야레알 CF	발렌시아 CF
SD 에이바르	데포르티보 라 코루냐
아틀레틱 빌바오	스포르팅 히혼
레알 클럽 셀타 데 비고	오사수나
UD 라스 팔마스	그라나다 CF

분데스리가 (Fu ß ball-Bundesliga)

2부로 구성된 독일 프로축구 리그이다. 독일어의 'Bundes(연방)'와 'Liga(리그)'가 합해진 말로, 독일이나 오스트리아에서 개최되는 모든 스포츠 종목의 리그를 뜻하나, 일반적으로는 독일의 축구 리그를 가리킨다.

18개 소속 클럽이 홈앤드어웨이 방식으로 클럽당 34경기를 치르며, 승리하면 3점, 비기면 1점, 패하면 0점을 주어 총점이 가장 높은 클럽이 우승하게 된다. 본래 정규 시즌이 끝나면 1부리그 하위 3개 클럽과 2부리그 상위 3개 클럽이 서로 자리를 바꾸었으나 2008년 분데스리가 구조 개편으로 1부리그 16위팀과 2부리그 3부팀이 플레이오프를 진행하여 승격과 강등을 결정한다. 보통 8월에 시작해서 12월 초까지 열리는 전기 리그와 다음해 2월 중순부터 5월까지 열리는 후기 리그로 나누어진다.

연방국가인 독일에서는 초기에는 지역별 리그를 따로 치른 후 우승 클럽들이 모여 독일 챔피언을 선출하였다. 1963년 8월 24일 독일 축구 클럽들의 전력을 국제 수준으로 끌어올리려는 목적으로 서독의 3개 지역을 대표하는 16개 공식 승인 클럽으로 분데스리가를 시작한 이후, 1965년 클럽 수가 18개로 늘어났다.

1974년 독일이 월드컵축구대회에서 우승하면서 당시 세계 최강의 리그로 자리잡았으며, 1990년 독일 통일 후 동독의 북부리그를 합쳐 4개 지역으로 늘어났다.

독일의 프로축구 리그는 크게 분데스리가 1부, 분데스리가 2부로 나누어져 있으며, 1부에 18개 클럽, 2부에 18개 클럽이 소속되어 있다. 분데스리가 산하에는 북부 · 남부 · 서부 · 남서부 · 북동부의 5개 지역리그가 있다.

분데스리가 18개 구단 (16.12.1 순위 기준)	
FC 바이에른 뮌헨	바이엘 04 레버쿠젠
RB 라이프치히	SC 프라이부르크
헤르타 BSC 베를린	FC 아우크스부르크

분데스리가 18개 구단 (16.12.1 순위 기준)	
아인트라흐트 프랑크푸르트	보루시아 묀헨글라트바흐
FC 쾰른	VfL 볼프스부르크
TSG 1899 호펜하임	SV 다름슈타트 98
보루시아 도르트문트	SV 베르더 브레멘
FC 샬케 04	FC 잉골슈타트 04
FSV 마인츠 05	함부르크 SV

세리에A (Lega Serie A)

세리에 A는 이탈리아의 프로축구 1부 리그를 가리키는 말이다. 1898 시즌부터 110년이 넘는 역사를 가지고 있다. 세리에 A는 UEFA 챔피언스리그 결승전에 가장 많은 수의 클럽을 배출했다. 무려 26번 결승전에 진출했고 12번 우승했다.

세리에 A는 각 리그 소속팀들의 UEFA 챔피언스리그와 유로파리그 전적에 따라 평가되는 UEFA 계수에서 1985-86년 수위를 차지한 뒤, 1989-90 독일 분데스리가에게 1위를 내 준 한 시즌을 제외하고는 1998-99 시즌까지 계속 1위를 고수하여 전성기를 구가하였다. 하지만 1999-2000 시즌 스페인 프리메라리가에 수위를 넘겨준 뒤 2003-04 시즌 잉글랜드 프리미어리그에 역전당했다. 이어 2010-11 시즌 분데스리가에 추월당하면서 챔피언스 리그 진출권이 4장에서 3장으로 감소했으며, 2013-14 시즌 일시적으로 포르투갈 프리메이라리가에까지 역전당해 5위까지 순위가 떨어졌으나, 결국 4위 자리를 지켰다.

지금 형태의 리그 구성은 1929-30 시즌부터 지방 리그와 지역 간의 리그에서 하나의 리그로 개편했고, 이 시스템이 지금까지 이어진 것이다. 1929 이전의 시즌에 우승한 경력도 FIGC(이탈리아 축구 연맹)가 공식적으로 인정하고 있다. 2차 세계대전으로 인해 리그가 지리학상의 두개 리그로 개최한 1945–46리그는 공식적인 리그였으나 통계적으론 존중되지 않는다.

세리에 A에는 AC 밀란, 인터밀란, 유벤투스 FC 등과 같은 세계적인 초일류 명문 구단들이 소속되어 있다. 이들은 현 ECA(유럽 클럽 협회)의 전신인 G–14의 창립 멤버들로, 세리아 A가 가장 많은 3개 클럽을 창립 멤버에 포함시켰다. FIFA 산하 통계기관이자 매달 클럽 순위를 집계하는 IFFHS에서 2009년 선정한 20세기 클럽 순위에서 유벤투스가 2위, 밀란이 4위, 인테르가 6위를 각각 차지하였다. 세리아 A 최다 우승팀인 유벤투스는 UEFA가 주관하는 3대 클럽대항전을 모두 우승한 유럽 최초이자 유일한 이탈리아 팀으로 역사에 남아 있다. AC 밀란은 이탈리아 클럽 중 가장 많은 유럽대항전 우승 회수를 자랑한다. 인테르는 2009–10 시즌 이탈리아 클럽 최초로 트레블을 달성하였다.

세리에A 20개 구단 (16.12.1 순위 기준)	
유벤투스 FC	UC 삼프도리아
AS 로마	칼리알리 칼초
AC 밀란	AC 키에보베로나
SS 라치오	볼로냐 FC 1909
아탈란타 BC	우디네세 칼초
SSC 나폴리	US 사수올로 칼초
토리노 FC	엠폴리 FC
FC 인터 밀란	델피노 페스카라 1936
ACF 피오렌티나	FC 크로토네
제노아 CFC	US 팔레르모

리그앙 (Le Championnat)

프랑스의 프로축구 리그로, 1부리그인 리그 앙(Ligue 1), 2부리그인 '리그 두(Ligue 2)'로 이루어진다. 리그 앙은 선수권'을 뜻한다. 1932년부터 시작되었으며 프랑스축구협회(FFF가 주관한다. 첫 시즌에는 소소(Sochaux)컵 대회의 두 번째 경기방식과 같이 20개팀이 2개조로 분할되어 각 조끼리 리그전을 벌인 뒤 조별 챔피언들이 결승전을 치르는 형식으로 진행되었지만, 1933~1934년 시즌부터는 풀 리그제가 채택되어 1부에 14개팀, 2부에 15개팀이 풀 리그전을 벌였다.

제2차 세계대전 때 나치에게 점령당하였던 시절에는 점령지역인 북부와 자유지역인 남부로 나뉘어 지역 챔피언 경기가 열렸다. 1943년에는 프랑스컵 결승전에서 뇌물 수수혐의를 빌미로 나치 정부에 의해 모든 프로축구팀이 해체되었고 연고도시나 지역이름을 딴 16개 지역팀이 대신하였다.

그 뒤 전국리그와 컵 경기가 열렸고 이어 프로리그도 재개되었다. 1971~1972년 시즌부터 CFA는 16개팀씩 6개 그룹으로 이루어진 3부 리그로, 1978~1979년에는 14개팀씩 8개 그룹으로 이루어진 4부 리그로 그 형태가 바뀌었으며 1992~1993년까지 존속하였다.

매년 7월경에 시작하여 이듬해 5월까지 금요일과 토요일에 대부분의 경기를 벌이고, 홈 앤드 어웨이 방식을 기본으로 팀 당 총 38경기씩 치르고, 승리하면 3점, 무승부 1점, 지면 0점이 부여된다. 시즌이 끝나면 1부 리그 하위 3개팀과 2부 리그 상위 3개팀이 자리바꿈을 한다.

리그앙 20개 구단 (16.12.1 순위 기준)	
OGC 니스	FC 메스
AS 모나코 FC	올림피크 드 마르세유
파리 생제르맹 FC	몽펠리에 HSC
스타드 렌 FC	디종 FCO

리그앙 20개 구단 (16.12.1 순위 기준)	
앙나방 갱강	SM 캉
FC 지롱댕 드 보르도	SC 바스티아
올림피크 리옹	FC 낭트
AS 생테티엔	AS 낭시
툴루즈 FC	릴 OSC
앙제 SCO	FC 로리앙

에레디비지에 (Eredivisie)

에레디비시(네덜란드어: Eredivisie, 명예의 리그)는 네덜란드의 1부 축구 리그이다. 네덜란드의 축구 리그는 1897년에 시작되었다. 하지만, 1956년이 되어서야 네덜란드 에레디비시 리그란 이름의 통합 리그로 출범하였다. 스폰서에 따라 리그 이름이 자주 바뀌었다가 현재의 이름으로 자리매김하였다.

에레디비시는 18개 클럽으로 구성된다. 각 클럽은 매 시즌마다 한 클럽당 두 번의 경기를 홈과 원정에서 각각 한 번씩 치른다. 시즌이 종료된 후 최하위팀은 자동으로 에이르스터 디비시(네덜란드 2부 리그)로 강등되고 에이르스터 디비시 우승 팀은 자동으로 에레디비시로 승격한다. 그리고 16위, 17위 팀들은 승격 및 강등 플레이오프를 펼치게 된다. 이 플레이오프는 두 개 조로 나뉘어 진행되는데 각 조마다 에레디비시 클럽 1팀과 에이르스터 디비시 3팀으로 구성된다. 플레이오프 역시 홈 앤 원정 방식으로 진행되는데, 각 조의 1위팀이 다음 시즌에 에레디비시에 참가하게 되고, 나머지 팀들은 에이르스터 디비시로 가게 된다.

대한민국 선수로는 허정무, 노정윤, 석현준, 박지성, 이영표, 이천수, 송종국, 김남일 등이 에레디비시에서 뛰었다.

에레디비지에 18개 구단 (16.12.1 순위 기준)	
페예노르트 로테르담	FC 흐로닝언
AFC 아약스 암스테르담	헤라클레스 알메로
PSV 아인트호벤	NEC 네이메헨
AZ 알크마르	SBV 엑셀시오르
SC 헤렌벤	빌렘II
FC 트벤테 엔스헤데	ADO 덴 하그
FC 위트레흐트	FC 즈볼레
SBV 비테세아른험	로다 JC 커크라데
스파르타 로테르담	고 어헤드 이글스

다. 기타 리그

메이저리그사커 (Major League Soccer)

메이저 리그 사커(Major League Soccer, MLS)는 미국과 캐나다의 최상위 프로 축구 리그이다. 국제 축구 연맹으로부터 1994년 FIFA 월드컵을 개최하는 조건으로 프로축구 리그 창설을 공약한 미국 축구 협회는 1993년 12월에 축구 리그를 창설했고 그 후 준비 기간을 거쳐 1996년 4월 6일 산호세 클래시와 D.C. 유나이티드와의 개막전을 시작으로 역사적인 첫 시즌을 시작하였다.

미국에 축구 리그가 생긴 것은 19세기 말 부터이지만, 꾸준한 흥행에는 성공하진 못했다. 하지만, 1968년부터 1984년까지 존재했던 북미 축구 리그에는 펠레, 프란츠 베켄바워, 요한 크라위프 등 세계적인 선수들이 활약하며 다소 인기를 누리기도 했으나, 미국 국적 선수들의 비중이 낮은데다가 미국 내 4대 프로스포츠(야구, 아이스하키, 농구, 미식축구)의 그늘에 가려 그 인기가 지속되지는 못했다.

그 후 1994년 미국 월드컵이 열리면서, 그것을 계기로 축구 리그 창설 분위기가 조성되었고, 1996년부터 10개 구단이 참가하는 메이저 리그 사커 (Major League Soccer)가 시작될 수 있었다. 당초 계획은 1995년 시작이었지만, 1994년 미국 월드컵 이후 준비기간이 너무 짧아 한 해가 미루어졌다. 1998년에 2개 구단이 더 생겼지만, 재정상의 이유로 탬파베이 뮤터니와 마이애미 퓨전 FC 2개 구단이 해체되면서 2002년 10개 구단으로 축소되었다. 2003년에는 홍명보가 로스앤젤레스 갤럭시에 입단하면서 한국인 최초로 MLS 선수가 되었다.

2012년에는 캐나다 퀘벡 주 몬트리올을 연고로 하는 몬트리올 임팩트 (2010년 창단)가 더 참가하면서 19개 구단이 되었으며, 2015년에는 미국 뉴욕 주 뉴욕을 연고로 하는 뉴욕 시티 FC (2013년 창단)와 미국 플로리다 주 올랜도를 연고로 하는 올랜도 시티 SC (2013년 창단)가 참가하여 현재, 20개 구단으로 운영되고 있다.

메이저 리그 사커 20개 구단
(16.12.1 순위 기준)

동부 컨퍼런스	서부 컨퍼런스
뉴욕 레드불스	FC 댈러스
뉴욕 시티 FC	콜로라도 래피즈
토론토 FC	로스앤젤레스 갤럭시
D.C. 유나이티드	시애틀 사운더스 FC
몬트리올 임팩트	스포팅 캔자스시티

메이저 리그 사커 20개 구단 (16.12.1 순위 기준)	
동부 컨퍼런스	**서부 컨퍼런스**
필라델피아 유니언	레알 솔트레이크
뉴잉글랜드 레벌루션	포틀랜드 팀버스
올랜도시티 SC	밴쿠버 화이트캡스 FC
콜럼버스 크루 SC	산호세 어스퀘이크스
시카고 파이어	휴스턴 다이너모

4 세계의 선수

가. 아시아

대한민국

차범근('76-'89)

출 생	1953년 5월 22일, 대한민국 경기도 화성시
신 체 조 건	179cm, 78kg
포 지 션	공격수, 미드필더
활약 소속팀	프랑크푸르트 ('79-'83), 바이어 레버쿠젠 ('83-'89)
국 가 대 표	135경기 / 58골

허정무('78-'86)

출 생	1953년 1월 13일, 대한민국 전라남도 진도군
신 체 조 건	174cm, 70kg
포 지 션	중앙 미드필더
활약 소속팀	PSV 아인트호벤('80-'83), 울산 현대('84-'86)
국 가 대 표	101경기 / 30골

황선홍('93-'03)

출 생	1968년 7월 14일, 대한민국 충청남도 예산군
신 체 조 건	184cm, 80kg
포 지 션	스트라이커
활약 소속팀	포항 스틸러스 ('93-'98), 세레소 오사카('98-'99)
국 가 대 표	103경기 / 50골

홍명보('90-'04)

출　　생	1969년 2월 2일, 대한민국 서울특별시
신 체 조 건	181cm, 73kg
포　지　션	스위퍼
활약 소속팀	포항 스틸러스('98-'99), 가시와 레이솔 ('99~'02)
국 가 대 표	136경기 / 10골

김병지('92-'16)

출　　생	1970년 4월 8일, 대한민국 경상남도 밀양군
신 체 조 건	184cm, 82kg
포　지　션	골키퍼
활약 소속팀	울산 현대 ('92-'00), 포항 스틸러스('01-'05), FC서울('06-'08)
국 가 대 표	62경기

최진철('93-'08)

출　　생	1969년 2월 2일, 대한민국 전라남도 진도군
신 체 조 건	187cm, 80kg
포　지　션	수비수
활약 소속팀	전북 현대 모터스('96-'07)
국 가 대 표	65경기 / 4골

이운재('96-'12)

출　　생	1969년 2월 2일, 대한민국 전라남도 진도군
신 체 조 건	182cm, 90kg
포　지　션	골키퍼
활약 소속팀	수원 삼성 블루윙즈 ('96-'99, '02-'10)
국 가 대 표	133경기

이영표('99-'13)

출생	1977년 4월 23일, 대한민국 강원도 홍천군
신체조건	174cm, 66kg
포지션	풀백
활약 소속팀	PSV 아인트호벤 ('03-'05), 토트넘 핫스퍼 FC ('05-'08)
국가대표	127경기 / 5골

박지성('00-'14)

출 생	1981년 3월 30일, 대한민국 서울특별시
신 체 조 건	175cm, 73kg
포 지 션	윙어, 중앙 미드필더
활약 소속팀	PSV 아이트호벤('03-'05), 맨체스터 유나이티드 ('05-'12)
국 가 대 표	100경기 / 13골

손흥민('09-)

출 생	1991년 7월 8일, 대한민국 강원도 춘천시
신 체 조 건	183cm, 77kg
포 지 션	윙어, 스트라이커
활약 소속팀	바이엘 04 레버쿠젠('13-'15), 토트넘 핫스퍼 FC ('15-)
국 가 대 표	52경기 / 17골

일본 (5명)

미우라 가즈요시('86-)

출 생	1967년 2월 26일, 일본
신 체 조 건	177cm, 72kg
포 지 션	공격수
활약 소속팀	베르디 가와사키 ('93-'94)
국 가 대 표	89경기 / 55골

나카타 히데토시('95-'06)

출 생	1977년 1월 22일, 일본
신 체 조 건	175cm, 75kg
포 지 션	공격형 미드필더
활약 소속팀	AS 로마('00-'01), AC 페루자 ('98-'00)
국 가 대 표	77경기 / 11골

나카무라 슌스케('97-)

출 생	1978년 6월 24일, 일본
신 체 조 건	178cm, 76kg
포 지 션	미드필더
활약 소속팀	셀틱 FC ('05-'09), 요코하마 F. 마리노스('10-)
국 가 대 표	98경기 / 24골

다나카 마르쿠스 툴리오('01-)

출 생	1981년 4월 24일, 일본
신 체 조 건	185cm, 82kg
포 지 션	수비수
활약 소속팀	우라와 레드 다이아몬즈 ('04-'09), 나고야 그램퍼스 ('10-)
국 가 대 표	43경기 / 8골

혼다 케이스케('05-)

출 생	1986년 6월 13일, 일본
신 체 조 건	182cm, 76kg
포 지 션	미드필더
활약 소속팀	CSKA 모스크바('10-'13), AC 밀란 ('13-)
국 가 대 표	80경기 / 35골

기타 아시아 (3명)

자바드 네쿠남('98-'16)

출 생	1980년 9월 7일, 이란
신 체 조 건	186cm, 78kg
포 지 션	미드필더
활약 소속팀	CA 오사수나 ('07-'12, '14-'15)
국 가 대 표	151경기 / 39골

알리 카리미('98-'14)

출 생	1978년 11월 8일, 이란
신 체 조 건	185cm, 86kg
포 지 션	공격형 미드필더
활약 소속팀	FC 바이에른 뮌헨 ('05-'07)
국 가 대 표	127경기 / 38골

사르다르 아즈문('11-)

출 생	1995년 1월 1일, 이란
신 체 조 건	186cm, 79kg
포 지 션	미드필더
활약 소속팀	FC 로스토프('16-)
국 가 대 표	22경기 / 16골

나. 유럽

영국(UK)

조지베스트('63-'84)

출　　생	1946년 5월 22일, 북아일랜드
신 체 조 건	175cm, 71kg
포 지 션	윙어
활약 소속팀	맨체스터 유나이티드 ('63-'74)
국 가 대 표	37경기 / 9골

케빈 키건('68-'85)

출　　생	1951년 2월 14일, 영국
신 체 조 건	173cm, 75kg
포 지 션	공격수
활약 소속팀	리버풀 FC ('71-'77)
국 가 대 표	63경기 / 21골

앨런 시어러('88-'06)

출　　생	1970년 8월 13일, 영국
신 체 조 건	183cm, 79kg
포 지 션	스트라이커
활약 소속팀	블랙번 로버스('92-'96), 뉴캐슬 유나이티드('69-'06)
국 가 대 표	63경기 / 30골

라이언 긱스('90-'14)

출　　생	1973년 11월 29일, 웨일스
신 체 조 건	179cm, 72kg
포　지　션	윙어, 중앙 미드필더
활약 소속팀	맨체스터 유나이티드 FC('90~'14)
국 가 대 표	64경기 / 12골

데이비드 베컴('93-'13)

출　　생	1975년 5월 2일, 영국
신 체 조 건	183cm, 76kg
포　지　션	윙어, 중앙 미드필더
활약 소속팀	맨체스터 유나이티드 FC('93-'03), 레알 마드리드 CF('03-'07)
국 가 대 표	115경기 / 17골

마이클 오언('96-'03)

출　　생	1979년 12월 14일, 영국
신 체 조 건	173cm, 70kg
포　지　션	스트라이커
활약 소속팀	리버풀 FC('96~'04), 맨체스터 유나이티드 FC('09-'12)
국 가 대 표	89경기 / 40골

스티븐 제라드('98-'16)

출　　생	1980년 5월 30일, 영국
신 체 조 건	183cm, 83kg
포　지　션	중앙 미드필더
활약 소속팀	리버풀 FC ('98-'15)
국 가 대 표	114경기 / 21골

웨인 루니('02-)

출 생	1985년 10월 24일, 영국
신 체 조 건	176cm, 83kg
포 지 션	공격형 미드필더, 스트라이커
활약 소속팀	맨체스터 유나이티드 FC ('04-)
국 가 대 표	119경기 / 53골

제이미 바디('03-)

출 생	1987년 1월 11일, 영국
신 체 조 건	178cm, 76kg
포 지 션	스트라이커
활약 소속팀	레스터 시티 FC ('12-)
국 가 대 표	14경기 / 5골

가레스 베일('06-)

출 생	1989년 7월 16일, 웨일스
신 체 조 건	183cm, 74kg
포 지 션	오른쪽 윙포워드, 중앙 공격수
활약 소속팀	토트넘 핫스퍼 FC ('07-'13), 레알 마드리드CF ('13-)
국 가 대 표	65경기 / 26골

독일 (5명)

베켄바우어('65-'83)

출 생	1945년 9월 11일, 독일
신 체 조 건	182cm, 83kg
포 지 션	수비수
활약 소속팀	FC 바이에른 뮌헨 ('64-'77)
국 가 대 표	105경기 / 14골

칼 하인츠 루메니게('74-'89)

출 생	1955년 9월 15일, 독일
신 체 조 건	182cm, 76kg
포 지 션	스트라이커
활약 소속팀	FC 바이에른 뮌헨 ('74-'84)
국 가 대 표	95경기 / 45골

마테우스('79-'01)

출 생	1961년 3월 21일, 독일
신 체 조 건	174cm, 71kg
포 지 션	미드필더
활약 소속팀	FC 바이에른 뮌헨 ('84-'88, '92-'00)
국 가 대 표	150경기 / 23골

올리버 칸('87-'06)

출 생	1969년 6월 15일, 독일
신 체 조 건	188cm, 87kg
포 지 션	골키퍼
활약 소속팀	FC 바이에른 뮌헨 ('94-'08)
국 가 대 표	86경기

미로슬라프 클로제('99-'16)

출 생	1978년 6월 9일, 독일
신 체 조 건	182cm, 81kg
포 지 션	공격수
활약 소속팀	SV 베르더 브레멘('04-'07), FC 바이에른 뮌헨 ('07-'11)
국 가 대 표	137경기 / 71골

프랑스 (5명)

플라티니('72-'86)

출생	1955년 6월 21일, 프랑스
신체조건	178cm, 74kg
포지션	공격형 미드필더
활약 소속팀	유벤투스('82-'87)
국가대표	72경기 / 42골

에릭 칸토나('83-'97)

출생	1966년 5월 24일, 프랑스
신체조건	188cm, 82kg
포지션	공격수
활약 소속팀	맨체스터 유나이티드 ('92-'97)
국가대표	48경기 / 20골

지네딘 지단('88-'06)

출생	1972년 6월 23일, 프랑스
신체조건	185cm, 79kg
포지션	공격형 미드필더
활약 소속팀	레알 마드리드 CF('01-'06)
국가대표	108경기 / 31골

티에리 앙리('94-'14)

출생	1977년 8월 17일, 프랑스
신체조건	188cm, 83kg
포지션	스트라이커
활약 소속팀	아스날 FC ('99~'07), FC 바르셀로나 ('07-'10)
국가대표	123경기 / 51골

프랭크 리베리('00-)

출 생	1983년 4월 7일, 프랑스
신 체 조 건	170cm, 72kg
포 지 션	윙어
활약 소속팀	FC 바이에른 뮌헨 ('07-)
국 가 대 표	81경기 / 16골

스페인 (5명)

페르난도 이에로('87-'05)

출 생	1968년 3월 23일, 스페인
신 체 조 건	187cm, 84kg
포 지 션	스트라이커
활약 소속팀	레알 마드리드 CF('89-'03)
국 가 대 표	89경기 / 29골

라울 곤잘레스('94-'15)

출 생	1977년 6월 27일, 스페인
신 체 조 건	180cm, 75kg
포 지 션	공격수
활약 소속팀	레알 마드리드 CF ('94-'10)
국 가 대 표	102경기 / 44골

사비 에르난데스('97-)

출 생	1980년 1월 25일, 스페인
신 체 조 건	170cm, 68kg
포 지 션	중앙 미드필더
활약 소속팀	FC 바르셀로나 ('98-'15)
국 가 대 표	133경기 / 13골

카를로스 푸욜('99-'14)

출 생	1978년 4월 13일, 스페인
신 체 조 건	178cm, 80kg
포 지 션	수비수
활약 소속팀	FC 바르셀로나 ('97-'14)
국 가 대 표	100경기 / 3골

이케르 카시야스('99-)

출 생	1981년 5월 20일, 스페인
신 체 조 건	185cm, 84kg
포 지 션	골키퍼
활약 소속팀	레알 마드리드 CF ('98-'15)
국 가 대 표	167경기

네덜란드 (5명)

요한 크루이프('59-'84)

출 생	1947년 4월 25일, 네덜란드
신 체 조 건	180cm, 70kg
포 지 션	공격수
활약 소속팀	FC 바르셀로나 ('88-'96)
국 가 대 표	48경기 / 33골

루드 굴리트('82-'98)

출 생	1962년 9월 1일
신 체 조 건	190cm, 88kg
포 지 션	공격수
활약 소속팀	AC 밀란 ('87-'93)
국 가 대 표	66경기 / 17골

데니스 베르캄프('86-'06)

출 생	1969년 5월 10일
신 체 조 건	188cm, 78kg
포 지 션	공격수
활약 소속팀	아스날 FC ('95-'06)
국 가 대 표	79경기 / 37골

뤼트 판 니스텔로이('93-'12)

출 생	1976년 7월 1일
신 체 조 건	188cm, 80kg
포 지 션	공격수
활약 소속팀	맨체스터 유나이티드 ('01-'06), 레알 마드리드 ('06-'10)
국 가 대 표	70경기 / 35골

아르연 로번('00-)

출 생	1984년 1월 23일
신 체 조 건	180cm, 80kg
포 지 션	공격수
활약 소속팀	FC 바이에른 뮌헨 ('09-)
국 가 대 표	89경기 / 31골

이탈리아 (5명)

파올로 로시('76-'87)

출 생	1956년 9월 23일, 이탈리아
신 체 조 건	185cm, 84kg
포 지 션	공격수
활약 소속팀	유벤투스 FC ('81-'85)
국 가 대 표	48경기 / 20골

로베르트 바조('82-'00)

출 생	1967년 2월 18일, 이탈리아
신 체 조 건	174cm, 72kg
포 지 션	스트라이커
활약 소속팀	유벤투스 FC ('90-'95)
국 가 대 표	56경기 / 27골

파올로 말디니('84-'09)

출 생	1968년 6월 26일, 이탈리아
신 체 조 건	186cm, 86kg
포 지 션	수비수
활약 소속팀	AC 밀란 ('85-'09)
국 가 대 표	126경기 / 7골

프란체스코 토티('93-)

출 생	1976년 9월 27일, 이탈리아
신 체 조 건	180cm, 82kg
포 지 션	공격형 미드필더, 공격수
활약 소속팀	AS 로마 ('92-)
국 가 대 표	58경기 / 9골

잔루이지 부폰('95-)

출 생	1978년 1월 28일, 이탈리아
신 체 조 건	192cm, 94kg
포 지 션	골키퍼
활약 소속팀	유벤투스 FC ('01-)
국 가 대 표	167경기

기타 유럽 (7명)

알란 로뎅캄 시몬센('63-'86)

출생	1952년 12월 15일, 덴마크
신체조건	165cm, 64kg
포지션	공격수
활약 소속팀	VfL 보루시아 묀헨글라트바흐 ('72-'79)
국가대표	55경기 / 20골

이고르 벨라노프('79-'97)

출생	1960년 9월 25일, 우크라이나
신체조건	174cm, 78kg
포지션	스트라이커
활약 소속팀	디나모 키예프 ('85-'89)
국가대표	33경기 / 8골

루이스 피구('89-'06)

출생	1972년 11월 4일, 포르투갈
신체조건	177cm, 75kg
포지션	공격형 미드필더, 윙어
활약 소속팀	레알 마드리드 C.F. ('00-'05)
국가대표	127경기 / 32골

네드베드('90-'06)

출생	1972년 8월 30일, 체코
신체조건	177cm, 70kg
포지션	중앙 미드필더, 윙어
활약 소속팀	유벤투스 FC ('01-'09)
국가대표	91경기 / 18골

세브첸코('94-'12)

출 생	1976년 9월 29일, 우크라이나
신 체 조 건	183cm, 73kg
포 지 션	스트라이커
활약 소속팀	AC 밀란 ('99-'06)
국 가 대 표	111경기 / 48골

즐라탄 이브라히모비치('99-)

출 생	1981년 10월 3일, 스웨덴
신 체 조 건	195cm, 95kg
포 지 션	공격수
활약 소속팀	FC 인테르나치오날레 밀라노 ('06-'09), 파리 생제르맹 FC ('12-'16), 맨체스터 유나이티드 FC ('16-)
국 가 대 표	116경기 / 62골

크리스티아누 호날두('02-)

출 생	1972년 8월 30일, 포르투갈
신 체 조 건	185cm, 80kg
포 지 션	공격수
활약 소속팀	맨체스터 유나이티드 FC ('03-'09), 레알 마드리드 CF ('09-)
국 가 대 표	136경기 / 68골

다. 남아메리카

브라질 (5명)

펠레('56-'77)

출　　생	1940년 10월 23일, 브라질
신 체 조 건	172cm, 73kg
포 지 션	공격수
활약 소속팀	산투스 FC ('56-'74)
국 가 대 표	91경기 / 77골

히바우두('92-'15)

출　　생	1972년 4월 19일, 브라질
신 체 조 건	186cm, 75kg
포 지 션	공격형 미드필더
활약 소속팀	FC 바르셀로나 ('97-'02)
국 가 대 표	74경기 / 35골

호나우두('93-'11)

출　　생	1976년 9월 22일, 브라질
신 체 조 건	183cm, 95kg
포 지 션	스트라이커
활약 소속팀	FC 인테르나치오날레 밀라노('97-'02), 레알 마드리드 CF ('02-'07)
국 가 대 표	98경기 / 62골

호나우지뉴('96-)

출　　생	1980년 3월 21일, 브라질
신체조건	179cm, 76kg
포 지 션	공격수, 공격형 미드필더
활약 소속팀	FC 바르셀로나('03-'08)
국가대표	97경기 / 33골

네이마르('09-)

출　　생	1992년 2월 5일, 브라질
신체조건	175cm, 68kg
포 지 션	공격수
활약 소속팀	FC 바르셀로나 ('13-)
국가대표	75경기 / 50골

아르헨티나 (3명)

디에고 마라도나('76-'97)

출　　생	1960년 10월 30일, 아르헨티나
신체조건	165cm, 70kg
포 지 션	공격형 미드필더
활약 소속팀	SSC 나폴리 ('84-'91)
국가대표	91경기 / 34골

리오넬 메시('05-)

출　　생	1987년 6월 24일, 아르헨티나
신체조건	170cm, 72kg
포 지 션	공격수
활약 소속팀	FC 바르셀로나 ('04-)
국가대표	116경기 / 57골

세르히오 아구에로('03-)

출생	1988년 6월 2일, 아르헨티나
신체조건	173cm, 70kg
포지션	공격수
활약 소속팀	맨체스터 시티 FC ('11-)
국가대표	80경기 / 33골

우루과이 (3명)

디에고 포를란('98-)

출생	1979년 5월 19일, 우루과이
신체조건	180cm, 76kg
포지션	스트라이커
활약 소속팀	아틀레티코 마드리드('07-'11), FC 인테르나치오날레 밀라노 ('11-'12)
국가대표	112경기 / 36골

루이스 수아레스('05-)

출생	1987년 1월 24일, 우루과이
신체조건	183cm, 86kg
포지션	스트라이커
활약 소속팀	FC 바르셀로나('14-)
국가대표	90경기 / 47골

알렉시스 산체스('05-)

출생	1988년 12월 19일, 칠레
신체조건	169cm, 62kg
포지션	윙어, 공격수
활약 소속팀	아스날 FC ('14-)
국가대표	106경기 / 36골

라. 아프리카

아프리카 (5명)

조지 웨아('87-'03)

출생	1966년 10월 1일, 라이베리아
신체조건	185cm, 82kg
포지션	공격수
활약 소속팀	AS 모나코 FC ('88-'92), 파리 생제르맹 FC ('92-'95), AC 밀란 ('95-'00)
국가대표	60경기 / 22골

파트리크 비에라('93-'11)

출생	1976년 6월 23일, 세네갈
신체조건	193cm, 85kg
포지션	중앙 미드필더
활약 소속팀	아스날 FC ('96-'05), FC 인테르나치오날레 밀라노 ('06-'10)
국가대표	107경기 / 6골

사무엘 에투('96-)

출생	1981년 3월 10일, 카메룬
신체조건	180cm, 75kg
포지션	스트라이커
활약 소속팀	FC 바르셀로나 ('04-'09)
국가대표	118경기 / 56골

디디에 드록바('98-)

출　　생	1978년 3월 11일, 코트디부아르
신체조건	188cm, 80kg
포 지 션	스트라이커
활약 소속팀	첼시 FC ('04-'12), ('14-'15)
국가대표	104경기 / 63골

마이클 에시엔('00-)

출　　생	1982년 12월 3일, 가나
신체조건	177cm, 85kg
포 지 션	미드필더, 센터백
활약 소속팀	첼시 FC ('05-'14)
국가대표	52경기 / 9골